Bibliografische Informationen der Deutschen Nationalbibliothek:

Die Deutsche Nationalbibliothek verzeichnet diese Publikation in der Deutschen Natio-
nalbibliografie; detaillierte bibliografische Informationen sind im Internet über
http://dnb.d-nb.de abrufbar.

Impressum:

Lektorat: Marianne Hatzl

Copyright © 2014 GRIN & Travel

Ein Imprint der GRIN Verlag GmbH

grin.com

Besuchen Sie die Autoren auch auf ihrer Website: www.abenteuerweltreise.net

Facebook: www.facebook.com/Abenteuer.Weltreise

Twitter: @weltreisetweets

Katja Böhmler & Mathias Neubauer

Mit dem Fahrrad um die Welt:
USA, Australien und Südostasien

Vorwort

Liebe Leserinnen, liebe Leser,

wir sind Katja (30) und Mathias (31), zwei Fernweh-Stuttgarter mit viel Spaß am Reisen. Dieses Buch beschreibt unser einmalig faszinierendes Reisejahr 2012. Knapp 13 Monate waren wir auf dem Rad auf der ganzen Welt unterwegs. Wir haben dabei 12.720 km auf dem Fahrrad zurückgelegt, dazu kommen weitere Kilometer mit Flugzeug, Bus, Zug und Schiff.

Jeder einzelne Reisetag hat uns geprägt. Zurückblickend überwiegen die schönen Tage, auch wenn es natürlich anstrengende Zeiten gab, in denen man sich nach Deutschland, seinen Freunden und der Familie zurücksehnte und ans Aufgeben dachte. Trotzdem, auf die Frage: „Was würdet ihr anders machen, wenn ihr nochmals losfahren würdet?", können wir voller Überzeugung auch noch heute sagen: „Gar nichts!"

In diesem Buch nehmen wir euch mit auf unsere Reise, berichten von unseren Erfahrungen und erzählen von unseren einmaligen Erlebnissen. Und wir geben euch wertvolle Tipps für eure eigene Traumreise und wollen euch dazu animieren, einfach loszufahren, für einige Zeit auszusteigen und euren Traum zu leben. Frei nach dem Motto: Man bereut nicht die Fehler, die man gemacht hat, sondern die Dinge, die man nicht gemacht hat, weil der Mut dazu fehlte.

Ein besonderer Dank geht an alle Menschen, denen wir auf dem Weg begegnet sind. All denen, die uns herzlich aufgenommen haben, die uns selbst in der Pampa begleitet und uns ihre selbstlose Hilfe angeboten haben. Menschen, die unsere Reise so einmalig machten und unsere Erde zu so einem schönen Ort. Denn es sind immer die Menschen, die einen Ort zu einem Stück Heimat machen. Hier alle aufzuzählen würde dieses Buch allerdings sprengen.

Ein weiterer Dank geht an unsere Familien und alle Freunde daheim, für die unendliche Geduld und Unterstützung eines großen Traums. Danke auch an unsere Sponsoren und die Presse.

Wie alles begann …

Dezember 2010

Vom alljährlichen Fernweh geplagt, besuchte ich einen Reisevortrag in Stuttgart. Die Referenten berichteten über ihre zweijährige Reise um die Welt mit dem Fahrrad. Ich ging an diesem trüben Dezemberabend voller Begeisterung wieder nach Hause und war mal wieder vom Reisefieber gepackt.

Jetzt galt es nur noch Mathias zu überzeugen. Den Plan vom gemeinsamen Reisen gab es schon seit Längerem, aber mit dem Fahrrad? Trotzdem: Was ich mir in den Kopf gesetzt habe, das bekomme ich so schnell nicht mehr los – das weiß jeder, der mich kennt. Allerdings hörte es sich, das muss ich zugeben, schon etwas verrückt an, als ich Mathias das erste Mal von meiner Idee erzählte. Mal abgesehen davon, dass wir nicht über Unmengen Geld verfügten und Mathias noch im letzten Jahr seines Studiums steckte. Das Irrwitzigste an der Sache war, dass Mathias noch nicht mal ein Fahrrad besaß und ich auf meinem treuen Drahtesel, den ich mir 1997 zur Konfirmation gekauft hatte, höchstens einmal im Monat unterwegs war. Naja, aber die Idee war geboren und nahm auch immer mehr Gestalt an. Nachdem einige Länder von der Wunschliste gestrichen wurden, stand die Entscheidung fest.

Mit dem Fahrrad nach Westen durch die USA, Australien und Asien bis nach Indien; wie genau, würden wir ja dann auf dem Weg sehen. Jeder einzelne Kilometer würde von uns intensiv erlebt werden, unmittelbar nah an den Menschen, der Kultur und der Landschaft der verschiedenen Länder. Unsere Motivation war die Neugierde, der Drang nach etwas Neuem. Was genau auf uns zukam, wussten wir nicht. Und auf was wir uns da eingelassen hatten, würden wir wahrscheinlich sowieso schnell herausfinden.

Mathias gestaltete eine Homepage, auf der wir ab und zu Informationen veröffentlichen wollten, wo wir gerade waren und was wir so trieben. Zu unserem Glück wurde dadurch eine Onlinefirma auf uns aufmerksam und wollte uns gegen Werbung mit neuen Radreisetaschen ausstatten. Mathias legte sich ins

Zeug und schrieb einige weitere Firmen an. So konnten wir einige Sponsoren für uns gewinnen und einiges Geld schon im Voraus sparen.

Mathias schloss sein Studium im September ab und hatte die Möglichkeit, in seiner Firma noch bis Dezember übernommen zu werden, um noch ein wenig Geld heranzuschaffen. Zum Dezember hin kündigte ich schweren Herzens meinen Job als Sozialpädagogin in einer Tagesgruppe. Die Wohnung wurde nach einer ordentlichen Abschiedsfete bereits Ende November geräumt und wir zogen die letzten Tage vor der Abfahrt zu meinen Eltern ins frühere Kinderzimmer ein.

Auch die Tatsache, dass wir im Dezember durch Deutschland fahren wollten, damit wir die Weihnachtstage und Silvester noch im Norden bei Mathias' Eltern und unseren nordischen Freunden feiern und uns verabschieden konnten, konnte uns nicht aufhalten. Nun gab es kein Zurück mehr.

Vorbereitung

Nachschlagewerke, Foren, Reiseführer, etc.: Informationen zu Weltreisen sind gerade im digitalen Zeitalter unendlich verbreitet und wir ackerten uns durch viele Seiten und Internetangebote. Aber eins konnten wir lernen: Es gibt keine absolute Empfehlung für irgendwas. Was der eine behauptet, wird vom anderen widerlegt. Deswegen dürft ihr unsere kleinen Tipps nicht als DIE Lösung sehen, sondern eher als Ratgeber.

Planung

Ihr könnt noch so viel vorausplanen, aber kleine und größere Pannen werden auf der Reise einfach passieren. Deshalb war für uns eine gesunde Menge an Vorplanung zwar wichtig, jedoch haben wir versucht, unsere Reise nie zu überplanen. Das heißt: Organisiert und recherchiert, wie ihr es für nötig erachtet, werdet aber nicht Opfer eurer eigenen Pläne. Wenn man zum hundertsten Mal zwei perfekte Zelte vergleicht, kann einem das Planen ganz schön auf die Nerven gehen. Schnell ist dann übersehen, dass es noch andere Dinge gibt, die es zu besorgen gilt.

Psyche und Gedanken vor der Reise

Natürlich gibt es viele Zweifel, selbst nachdem man sich entschieden hat, die Reise anzutreten. Viele kleine Hürden, das lange Sparen, aufkommende Gedanken wie: „Warum lass ich alle meine Freunde zurück? Eigentlich geht es mir doch gut hier, mein Job, meine Familie …", und so weiter.

Aber falls diese Reise wirklich euer Lebenstraum ist, dann steht ihr das durch. Jeder, der einmal länger unterwegs war, wird euch sagen, dass so eine Reise ein einmaliges Erlebnis ist, das man nie mehr missen möchte. Wie viele Menschen nehmen sich so eine Reise vor und ziehen es nie durch?

Also: Hört auf zu träumen und lasst den Alltag hinter euch. Als wir den Tag des Aufbruchs geschafft hatten, war uns klar geworden, wie simpel es sein kann, einfach loszufahren und alles hinter sich zu lassen. Wir wollten nie diejenigen sein, die sagen müssen: „Ach hätten wir doch …" Man zweifelt vor und während der Reise, ob das alles einen Sinn macht. Aber wie bei allen Dingen gibt es Höhen und Tiefen, das gehört einfach dazu. Unsere Entscheidung, auf eine Weltreise zu gehen, war die beste, die wir jemals getroffen haben.

Sprachkenntnisse

Unsere Englischkenntnisse haben uns enorm geholfen, aber falls ihr doch einmal mitten in der Pampa ein Zimmer sucht, bringen euch auch Zeichensprache oder Bilderbücher weiter. Sprachen helfen erheblich und auch wir haben versucht, uns ein paar Grundbegriffe einzuprägen, aber strebt nicht nach der perfekten Verständigung. Wer keine Angst vor Abenteuern hat, der wird sich auch ohne Sprachkenntnisse durchschlagen.

Ein bisschen Planung ist aber empfehlenswert: Den „Phrasebook-Sprachführer" hatten wir für Südost-Asien immer dabei, die wichtigsten Redewendungen haben wir uns aufgeschrieben und unterwegs haben wir immer mal wieder Englisch miteinander geredet, um in Übung zu bleiben (machen wir immer noch). Ein nützliches Büchlein ist außerdem das „OhneWörterBuch – 550 Zeigebilder für Weltenbummler" (das hatten wir leider nicht dabei, hätten es aber hier und da in Asien gebrauchen können).

Fitness

Wie fit wir waren? Ich behaupte mal so lala. Wer einen Marathon fahren will, sollte natürlich körperlich vorbereitet sein. Wir sind immer so weit und so lange gefahren, wie wir konnten und wollten und wenn es eben nicht mehr ging, dann machten wir einfach Halt und blieben an Ort und Stelle. An vielen Tagen fuhren wir nur zwei Stunden auf den gesamten Tag verteilt. Lust und körperlicher Zustand war uns hier wichtiger, als eine bestimmte Strecke unbedingt zu bewältigen. Kleine Tagesziele oder Etappen setzt ihr euch dann schon von ganz alleine. Und falls wir gar keine Lust mehr hatten, sind wir einfach Zug gefahren.

Generell ist Fitness natürlich von Vorteil (Katja war regelmäßig im Fitnessstudio und ich nach Lust und Laune joggen); allgemein kann man aber sagen, die

Ausdauer und Fitness kommt mit den Radeltagen, geht aber leider auch sehr schnell wieder mit den Pausentagen dahin.

Informationsbeschaffung offline

Die besten Informationen zum Thema Radreise bekommt ihr von anderen Radlern und Reisenden. Waren sie in dem Land, in das man selbst reisen möchte, umso besser. Vortragsreihen, Live-Reportagen und Messen gibt es in ganz Deutschland immer mal wieder. Ein wenig Recherche im Internet hilft bei der Suche.

Der ADFC ist der Allgemeine Deutsche Fahrrad Club und eine erste gute Anlaufstelle, wenn es um europäische Länderinformationen geht. Sie haben auch eine komplette Auswahl an Deutschlandkarten speziell für Radfahrer. Wir haben dort auch einen Reparaturgrundkurs besucht, um wenigstens etwas Ahnung zu haben, falls unser Bike unterwegs auseinanderfällt.

Internet-Infos

Wir versuchen es kurz zu machen, denn ein Überblick ist hier fast unmöglich.

Fündig werdet ihr auf den unserer Meinung nach drei besten deutschen Reise-Webseiten. Hier könnt ihr euer Anliegen auch direkt in das Forum posten und wenige Stunden später habt ihr sicher ein paar Antworten oder Links. Das ist zum einen weltreise-info.de und speziell für die Radreise rad-forum.de und bikefreaks.de.

Eine nette kleine Community findet ihr unter warmshower.org oder im iTunes-Appstore unter „Warmshower". Zur Erläuterung der Grundidee ist hier ein Ausschnitt aus der Webseite:

„1. Fahrradtouristen und Gastgeber melden sich an auf der Seite

2. die interaktive Karte und andere Suchwerkzeuge helfen Reisenden, Gastgeber(innen) auf ihrer Route zu finden

3. Reisende senden über die Seite eine Mail an potenzielle Gastgeber

4. Gastgeber können als Beherbergung ein Sofa, einen Raum oder einen Zelt-platz anbieten"

(Quelle: warmshower.org)

Im Gegensatz zu couchsurfing.org findet man hier gleichgesinnte Fahrradrei-sende und auch wir konnten uns so hilfreiche Tipps einholen und gegenseitig Radgeschichten austauschen.

Zu guter Letzt ist da noch helpx.net. Dort gibt es eine große Liste mit Farmen, Hilfsorganisationen, Ranches, Hostels oder sogar Segelbooten, welche freiwil-lige Helfer suchen, um bei ihnen kurzzeitig zu arbeiten. Zum Tausch gibt es Essen, eine Unterkunft und eine unvergesslich schöne Erfahrung. Wirklich lohnenswert.

Karten

Das Thema Karten war immer etwas schwierig, da es gerade für den asiati-schen Raum praktisch keine Fahrradkarten gibt. Für Deutschland hatten wir uns handelsübliche Radkarten beim ADFC und in unserer Buchhandlung be-sorgt. In den USA gibt es zwar den ACA (das Pendant zum ADFC), jedoch war unsere Strecke entlang der Route 66 nicht im Programm dieser Organisa-tion. In Australien haben wir uns oft auf den Campingplätzen Streckenführer besorgt, in denen dann auch nützliche Informationen standen, wo wir bei-spielsweise unser Zelt aufschlagen konnten.

Touristeninformationen und Buchhandlungen sind aber in jedem Land die erste Anlaufstelle, wenn ihr euch Karten besorgen wollt. Manchmal bekommt man auch schon in den Nachbarländern Karten. Stellt euch aber darauf ein, in einigen Ländern (z. B. Südostasien) nur Autokarten zu bekommen. Echte Rad-karten hatten wir nur für Deutschland.

Generell muss jeder für sich selbst herausfinden, mit welchem Hilfsmittel er navigieren möchte. Ein GPS-Gerät ist natürlich sehr genau und direkt. Wir jedoch wollten nie auf elektronische Geräte angewiesen sein und mit einer Karte durch ein Land zu navigieren, hat einen ganz eigenen Reiz. Außerdem war es in Asien meist sehr leicht, den Weg zu finden.

Finanzen

Die Meisterfrage schlechthin: Wie viel Geld braucht man für so eine Reise? Es gibt leider keine Zauberformel dafür, die unerfreuliche Antwort ist: Sparen. Die Menge des Geldes hängt immer davon ab, wie ihr reisen wollt. Wir sind eigentlich nach dem Motto losgefahren: Das was wir haben, haben wir eben. Jeder muss für sich selbst entscheiden, wie viel Geld er braucht. Vor der Reise haben wir für uns 30 Euro pro Person und Tag ausgerechnet, womit wir im Jahresdurchschnitt auch hinkamen. Das beinhaltet nicht die Vorbereitungskosten, wie z. B. für Visum, Equipment, Fahrräder, Karten etc.

Unterwegs ist es sehr hilfreich, immer wieder auszurechnen, wie viel Geld noch übrig ist. So kann man immer wieder den Geldverbrauch neu einteilen und falls dann etwas übrig ist, darf man sich auf einen kleinen Luxus freuen. Wir haben uns auch hier und da ein schönes Hotel geleistet, aber im Vergleich haben wir deutlich häufiger das Zelt aufgeschlagen.

Visum

Die erste Anlaufstelle ist das Auswärtige Amt. Hier findet ihre alle nötigen Sicherheitshinweise, Reisewarnungen und Informationen zu allen Ländern. Es lohnt sich auch, während der Reise immer wieder nachzusehen, ob Unruhen in einem Land auftreten.

Jedes Land hat eigene Einreisebestimmungen und die Beantragung eines Visums kann sehr unterschiedlich lange dauern (zwei Tage bis vier Wochen). Daher informiert ihr euch am besten so früh wie möglich und plant den Zeitbedarf ein. Es kann natürlich passieren, dass man ein Visum erst während der Reise beantragen kann. Dann kommt man nicht darum herum, die Botschaft (Embassy) des gewünschten Landes ausfindig zu machen. Oft, aber nicht immer, sind die Botschaften in den Landeshauptstädten zu finden.

Viele Länder haben jedoch ein „Visa on arrival": Ihr bekommt eine Einreisegenehmigung direkt am Flughafen oder an der Grenze mit sofortiger Wirkung. Dieses Touristenvisum ist auf eine bestimmte Zeit begrenzt, die meistens zwischen zwei Wochen und drei Monaten liegt. Das hängt vom Land, eurer Nationalität und der aktuellen Situation im Land ab.

Versicherungen

Reisekrankenversicherungen gibt es viele. Einige gelten ausschließlich für Europa. Viele Krankenversicherungen bieten bei Reisen, die länger als drei Monate dauern, keinen Versicherungsschutz im Ausland an. Wir hatten eine Auslandskrankenversicherung von AXA. Fragt einfach mal bei eurer aktuellen Krankenversicherung nach und vergleicht danach mit der Konkurrenz. Mit eurer Versicherung müsst ihr ohnehin abklären, wie es sich mit einem längeren Aufenthalt ohne ständigen Wohnort verhält.

Wir hatten auch eine kleine Fahrradversicherung bei der ARAG, die uns bei Verlust den versicherten Wert des Fahrrads wieder zurückzahlt. Klärt ab, ob ein Diebstahl im Ausland in das Leistungsbild der Versicherung fällt.

Im Ernstfall genügt es bei beiden nicht, die Versicherung nur abgeschlossen zu haben. Der Nachweis oder wenigstens die Kontaktinformationen solltet ihr überall hin mitnehmen.

Impfung

Geht auf jeden Fall in ein Tropeninstitut. Hier werdet ihr sehr gut beraten, wenn es um Impfungen und Reisemedikamente geht. Neben dem allgemeinen Check beim Hausarzt, einem Blutbild und den üblichen Standardimpfungen (z.B. Diphtherie, Meningitis etc.), haben wir vom Tropeninstitut einen Impfplan bekommen, der ein halbes Jahr vor Reisebeginn begann. Mit dabei waren Impfungen gegen:

- Gelbfieber

- Tollwut (Reisen in Entwicklungsländer)

- Japanische Encephalitis (Reisen in ländliche Endemiegebiete)

- Typhus (Reisen unter schlechten hygienischen Bedingungen)

- Hepatitis A und B (Standardimpfung bei Fernreisen)

Bücher

Auf der Reise hatten wir immer den „Fahrrad Weltführer" vom Verlag Reise Know-How dabei. Der ist Gold wert, wenn es gilt, sich einen ersten Überblick über die Fahrradsituation im Land zu machen. Dort findet ihr viele Tipps zu allem, was eine Reise mit dem Fahrrad so mit sich bringt. Dieses Buch ist Pflicht! Für Europa gibt es vom selben Verlag das Buch „Fahrradführer Europa".

Im Land haben wir uns immer einen Reiseführer mit Tipps zum Touristendasein gekauft und können hier den „Lonely Planet" sehr ans Herz legen. Aber das ist wahrscheinlich eine persönliche Präferenz.

Zur Einstimmung empfehlen wir das Buch von Daniel Schneider und Susanne Bemsel: „Erdanziehung – Die große Reise: Abenteuer Weltumrundung". Das Buch hat uns erst auf die Idee gebracht, unsere Reise zu machen.

Das Buch „OhneWörterBuch" vom Langenscheidt Verlag hatten wir zwar nicht dabei, aber es hätte uns so mache Situation erleichtert. Viele eindeutige Zeichnungen für Gesten aller Art und jede erdenkliche Reisesituation sind darin enthalten. Dann braucht man nur noch auf das zeigen, was man braucht, anstatt wild umherzuzappeln.

Dank dem Buch „EZ 66 Guide For Travelers" von Jerry McClanahan konnten wir die Route 66 in den USA wirklich Kurve für Kurve abfahren. Für den Rest unserer Reise hatten wir normale Karten, aber die vielen Wochen auf der „Mother Road" (wie die Route 66 auch genannt wird) wurden durch das Buch nie zu einer Suche, sondern zu einer Attraktion mit historischen Details und jeder einzelnen Sehenswürdigkeit an der Route 66.

Packliste

Generell nimmt man gerne zu viel Material mit. Spätestens am ersten steilen Berg beginnt man zu überlegen, auf was man eventuell verzichten könnte. Jeder von uns hatte höchstens 22 kg Gepäck dabei und wir haben versucht, darauf zu achten, das Gewicht so gering wie irgend möglich zu halten. Die folgende Packliste gilt pro Person und ist nicht als Empfehlung, sondern als unsere persönliche Liste zu verstehen:

Rad und Radtaschen

- Fahrrad der Marke Fahrradmanufaktur (Model: T-400 XT 27-Gang)

- Sattel (Brooks Flyer S)

- Scheibenbremsen durch hochwertige Bremsbacken ausgetauscht

- Fahrradhelm

- Packsack (10 Liter)

- Lenkertasche (Ortlieb Ultimate6 Plus, 7 Liter)

- Packtasche hinten (Ortlieb Back-Roller Plus, 2x 20 Liter)

- Packtasche vorne (Ortlieb Front-Roller Plus, 2 x 13 Liter)

- Tacho (Sigma 1609)

- Schnellspanner, 3 Trinkflaschenhalter

Papiere & Finanzen

- Reisepass

- Auslandsreiseversicherungsschein

- Impfpass

- Führerschein (und internationaler Führerschein)

- Kreditkarte (TAN-Liste)

- Geldbörse

- Kopien von wichtigen Dokumenten (Rücklagen, Passfotos, Ausweise)

- Landkarten

Kleidung & Hygiene

- Unterwäsche und Socken (dicke und dünne)

- T-Shirts

- Sweatshirts, Fleecepulli

- Funktionsunterwäsche (für Ober- und Unterkörper)

- Regenfeste Jacke und Hose und Schuhüberzieher (ganz dünn zum oben drüber ziehen)

- Winterjacke und Winterhose

- Schal, Mütze, Handschuhe

- Trekkingschuhe

- Shorts

- Badesachen

- Sonnenbrille, Baseball Cap

- Flip Flops (Chucks hatten wir später auch dabei)

- Buff Hals-/Kopftuch

- Jeans (auch wenn das nie empfohlen wird)

- Toilettenrolle (Gold wert)

- Reisehandtuch (ein großes und ein kleines Handtuch aus Microfaser)

- Kulturbeutel

Camping

- Zelt (Exped Venus II Ultralight)

- Zeltunterlage

- Schlafsack (Tagoss Sundance Ultra Lite, 750g)

- Matratze/Iso (SynMat Basic UL 7.5) und Exped Pillow Pump

- Gaskocher und Brennstoffflasche (MSR Whisperlite Internationale)

- Feuerzeug, Streichhölzer

- 1-Liter-Topf/Pfannendeckel (uns eigentlich zu klein)

- Wasserfilter (Katadyn Vario)

- Solardusche (fast nie genutzt)

- Taschenmesser (Gerber Crucial)

- Plastikbesteck, Teller, Plastikschüssel (mikrowellengeeignet)

- Becher

- Taschenlampe

Werkzeug/Ersatzteile

- Schaltzug, Bremszug

- Fahrradkette

- Faltreifen

- Ersatzschlauch (2x)

- Bremsbacken (4x)

- Speichen

- Flickzeug

- Inbus Multitool

- Reifenheber

- Druckluftmesser

- Luftpumpe

- Kettenpeitsche

- Klebeband

- Kabelbinder

- Speichenschlüssel

Sonstiges & Luxus

- lange Schnur (kann man für alles brauchen)

- iPod inkl. Kopfhörer

- iPhone

- Mini-USB-Boxen

- Digitalkamera

- USB-Stick (mit digitalen Kopien unserer Unterlagen)

- Reiseadapter

- magnetisches Brettspiel

- Buch

- Reiseführer

- Tagebuch

- Abwehrspray (nie genutzt)

- kleines Vorhängeschloss

- Plastiksack (als Isomatte, Pausenmatte, Radtaschentransport im Flugzeug)

- Moskitospray

- Moskitonetz (in Thailand gekauft)

- Kaffeedose, Blechdose (für Tee, Gewürze...)

Gesundheit

- Tigerbalm – Muskelkater

- Hansa Med Soft – Pflaster

- Imodium Akut – Durchfall

- Talcid – Magen

- Dulcolax – Verstopfung

- Bacillol AF – Desinfektion (Gegenstände)

- Octenisept – Wund-Desinfektion

- Aspirin – Schmerzen

- Mobilat – Prellungen

- Bepanthen – Wunden

- Vertigoheel – Kreislauf

- Micropur – Wasserreiniger

- Fenistil Gel – Mückenstiche/Sonnenbrand

- Hansaplast – Tape

- Malarone – Malaria

- Fieberthermometer

- Sonnencreme

Deutschland

Hauptstadt:	Berlin
Einwohnerzahl:	ca. 80,5 Mio.
Bevölkerungsdichte:	226 Einwohner pro km²
Währung:	Euro €
Sprache:	Deutsch
Religion	Christentum
Klima	Vier Jahreszeiten

Es geht los – Start in Stuttgart

Nach den letzten Goodbyes starteten wir am 06. Dezember 2011 von Stuttgart nach Buxtehude. Eine genaue Route hatten wir uns nicht überlegt. Das einzige was ziemlich sicher war: Jeder von uns fuhr mit rund 20 kg Gepäck, 17 kg Fahrrad und jeder Menge Optimismus.

Startschuss in Stuttgart-Möhringen

In Stuttgart-Möhringen schwangen wir uns also auf die Räder. Wir mussten uns erst einmal an das Fahrgefühl eines voll beladenen Fahrrads gewöhnen. Mein erster Gedanke bei der Abfahrt war: Ich darf jetzt bloß nicht umfallen und muss heil um die erste Kurve kommen!

In der Innenstadt fing es an zu regnen und auf der Höhe von Ludwigsburg an zu schneien. Nach 96 km – und nicht wie gedacht nur 60 km – kamen wir total kaputt, aber zufrieden in Heilbronn bei einem befreundeten Pärchen an, das uns schon im Voraus Asyl für unsere erste Nacht angeboten hatte.

Vielleicht dachten wir schon hier: „Was 'ne blöde Idee", aber keiner von uns wollte sich wohl die Blöße geben, dies auch laut auszusprechen. Immerhin, wir wussten bereits zu diesem Zeitpunkt, dass unsere Regensachen wirklich dicht hielten. Regen, Schnee, Hagel und Wind wollten uns auf unserer Startschusstour einfach nicht in Ruhe lassen. So lernten wir schnell, was es heißt, bei wirklich bescheidenem Wetter zu fahren. Es konnte ja nur besser werden.

Am nächsten Morgen begleitete uns unser Freund Manne aus Heilbronn den halben Tag. Neben dem starken Gegenwind platschte uns der Regen wieder stundenlang auf die Helme.

Ohne Regen ging es weiter über Zuzenhausen bis nach Heidelberg, wo wir noch eine Nacht bei unserer Freundin Freda verbrachten. Der fünfte Tag fing am Morgen im Hotel Hüttl in Worms ganz lustig an: Die Putzfrau des Hotels kam freundlich in den kleinen Frühstücksraum und fragte uns, ob Sie das Zimmer schon aufräumen dürfe. Die Besitzerin des Hotels rief dann nur von hinten: „Nein, die haben doch keine Zeit. Die wollen doch nach Indien." Über den Satz müssen wir heute noch grinsen.

An manchen Tagen, hier bei Düsseldorf, gab uns Rückenwind ordentlichen Schub von hinten

Am Tag machten wir keine langen Pausen. Beim Fahren spürt man die Kälte nicht, aber sobald man eine Weile steht, fangen die Füße und Finger recht schnell an, auszukühlen.

Da es früh morgens noch zu kalt und teilweise die Straßen noch gefroren waren, gönnten wir uns meist ein langes Frühstück. Wir schmierten uns ein Brötchen für unterwegs oder ernährten uns zwischendurch von Keksen und Schokolade. Da es im Dezember schon sehr früh dunkel wird, suchten wir uns meistens schon gegen 16 Uhr eine Unterkunft für die Nacht und genossen nach einer heißen Dusche die allgegenwärtigen Weihnachtsmärkte bei einer Tasse Glühwein.

Langsam gewöhnt sich der Körper ans Fahren

Die Deutschland-Tour entlang Neckar und Rhein, durch den Ruhrpott und das Flachland Niedersachsens war zwar kalt, aber sehr schön und für uns eine gute Eingewöhnung. Uns fiel dabei auf, dass das Fahren auf deutschen Radwegen schön und super ausgeschildert ist, nur effektiv von A nach B kommt man so nicht. Radwege führen gewollt im Zickzack durch Deutschland. Um abzukürzen, sind wir von den Radwegen auch auf normale Straßen und Wege ausgewichen. So sparten wir uns einige Kilometer und schonten unsere Muskeln.

Deutsche Radwege und ihre Schilder

So gewöhnten wir uns also immer mehr an die Strecke und die Bedingungen des täglichen Fahrradfahrens. Die Muskeln stellten sich auf die Anstrengungen ein und der Muskelkater ließ immer weiter nach. Auch die Beziehung zu unseren treuen Drahteseln veränderte sich und wir tauften sie auf die Namen Martina und Hermann.

Und merkwürdigerweise vergaßen wir auf den schönen Radstrecken durch Deutschland doch immer wieder das schlechte Wetter!

Regen im Überfluss! Hier eine „kleine" Pfütze kurz nach Rotenburg. Katja testete die Wassertiefe

Weihnachten und Abschied von Deutschland

Wegen Kälte und Zeitmangel fuhren wir die Strecke von Essen nach Bremen mit dem Zug und kamen nach insgesamt 14 Radeltagen in Buxtehude an. Wir genossen die gemütlichen Tage über Weihnachten und Silvester im Kreis der Familie, bevor es dann über den großen Teich nach Amerika ging.

Am 03. Januar 2012 ging es dann mit dem Flugzeug nach New York. Unsere Fahrräder mussten wir am Flughafen auseinanderbauen. Air Berlin sieht keine Radboxen für den Transport von Fahrrädern vor, allerdings müssen Lenker, Pedale und Sattel ummontiert werden. Kurz darauf bemerkten wir beim Check-In, dass Mathias unser Multitool noch in der Tasche hatte. Das durften wir natürlich nicht in das Flugzeug mitnehmen und mussten es schweren Herzens zurücklassen. Jetzt hieß es: Goodbye Germany.

Unsere Route in Deutschland

Heilbronn	95 km	Manne/Riki *Freunde*
Zuzenhausen	54 km	Hotel Adler (Dachsenfranz)
Heidelberg	38 km	Freda Freundin
Worms	55 km	Hotel Hüttl
Mainz	65 km	Stephan & Kati *Warmshower*
Koblenz	107 km	DJH Festung
Bonn	78 km	Max Hostel
Köln	39 km	AO Hostel
Düsseldorf	60 km	Matthias & Dennis *Warmshower*
Duisburg	49 km	DJH Duisburg
Essen	38 km	B&B Hotel
Bremen (Zug)	5 km	DJH Bremen
Rotenburg	50 km	Hotel Garni Veltri
Buxtehude	66 km	Hotel Mama
Hamburg	38 km	AO Hamburg

Gesamt: **837 km**

USA

Hauptstadt:	Washington, D.C.
Einwohnerzahl:	314 Mio.
Bevölkerungsdichte:	32 Einwohner pro km²
Währung:	US Dollar (USD, $)
Sprache:	Amerikanisches Englisch (Navajo, Hawaiisch)
Religion:	Christentum
Klima:	zu groß für eine genau Angabe, aber vom arktischen (Alaska) bis zum tropischen Klima (Hawaii) ist alles dabei

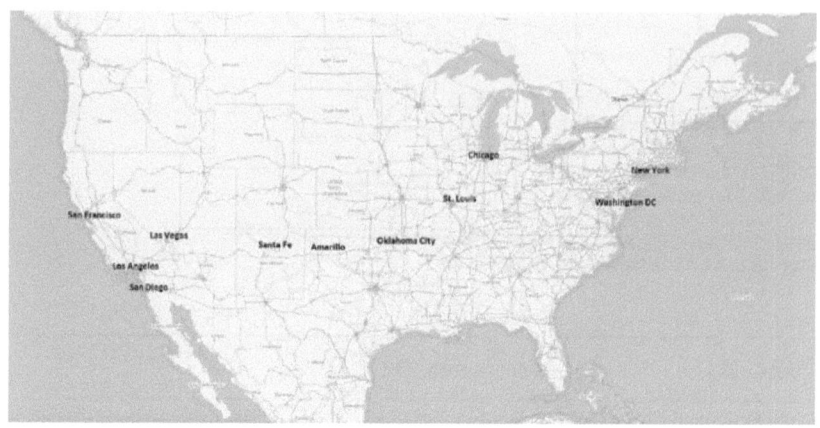

Ankunft in New York City

Wir kamen mit leichtem Schlafmangel in New York City an. Am Grenzübergang hieß es jetzt, einen guten Eindruck zu hinterlassen. Wir wollten schließlich nicht nur die üblichen drei Monate Touristenvisum bekommen. In der Botschaft hatte man uns gesagt: „Den Papierkram haben wir in der Tasche, doch das letzte Wort hat der Mann am Grenzschalter." Es lief in etwa so ab (frei übersetzt natürlich):

„Was möchten Sie in den USA?" – „Wir möchten unseren Urlaub hier verbringen."

„Und für wie lange?" – „Fünf Monate bitte."

„Warum so lange?" – „Wir möchten durch das Land reisen … mit dem Fahrrad."

(Mit schmunzelnden Blick:) „Okay, ich gebe euch 6 Monate."

So einfach hatten wir uns das nicht vorgestellt, auch die Taschen und Fahrräder waren ohne Schaden angekommen. Das Zusammenbauen der Fahrräder gestaltete sich jedoch ein ganz klein wenig kompliziert. Unser Multitool lag ja noch in Hamburg am Flughafen. Niemand im ganzen Flughafen hatte einen Inbusschlüssel für uns. Oder niemand hat uns verstanden. Den Blicken nach zu urteilen eher Letzteres. Uns blieb nichts anderes übrig, als die Fahrräder ohne Werkzeug zusammenzubauen. Man muss sich jetzt vorstellen, dass das Fahrrad sich bei Lenkversuchen zwar am Lenker selbst bewegt, aber unten am Rad Stillstand angesagt war. Der Sattel war natürlich auch noch nicht wieder dran. Wenn es einmal kompliziert wird, dann gleich richtig. Letztendlich konnten wir die Fahrräder einigermaßen fahrtüchtig machen und hofften, so zumindest bis zum Hotel zu kommen.

Nun sollte es also vom JFK Flughafen nach Queens gehen. Da wir eingeplant hatten, dass wir mitten in der Nacht in den USA landen würden, hatten wir schon im Voraus ein Hotel in Flughafennähe gebucht. Nach einigem Herumfragen und ratlosen Blicken hatten wir verstanden, dass aus dem New Yorker Flughafen nur die Interstate herausführt. Mit der Metro ging es deshalb zwei Stationen Richtung Queens und dann weiter auf den wackeligen Rädern Richtung Hotel.

Leicht orientierungslos suchten wir unser Hotel. Es ging durch dunkle Gassen, in denen kaum eine Menschenseele zu sehen war. Verdammt kalt war es auch. Von irgendwo kam uns ein breitschultriger Amerikaner entgegen. Da wir wie die meisten Deutschen wahrscheinlich eher zu den misstrauischen Personen der Bevölkerung gehören, wandten wir unsere Blicke erst einmal eingeschüchtert ab. Wie sich herausstellte, wollte der nette Amerikaner uns aber nur seine Hilfe anbieten und lotste uns in Richtung Hotel. Ohne ihn würden wir unser Hotel wahrscheinlich immer noch suchen. Im Hotel angekommen, freuten wir uns auf das Bett und unseren ersten Tag in den Staaten.

Entlang der East Coast

Wir waren also gut in New York City angekommen und auch die Fahrräder waren durch das Werkzeug des Hotelhausmeisters wieder fest zusammengebaut. Ziemlich schnell wurde uns klar: Dies ist ein Autoland und wer hier läuft oder mit dem Fahrrad fährt, kann nicht ganz dicht sein. Wir waren dabei anscheinend so komisch, dass wir schon wieder nett schienen und so begegneten uns alle Amis freundlich und immer sehr hilfsbereit.

Nach unserer ersten kleinen Fahrradtour vom Flughafen über Queens nach Manhattan, zu unserem Hostel, waren wir schon ziemlich gut darauf vorbereitet, was in diesem Riesenland so auf uns zukommen würde.

In NYC gab es so einiges zu tun. Wir trafen Katjas Cousine Jessi und waren zusammen in dieser glitzernden, schimmernden, blinkenden Stadt beim Shoppen. Zu schade, dass alles irgendwie in die Radtaschen passen musste und dann auch noch geschleppt werden sollte. Wir hatten beide um die 22 kg zu schleppen, was gerade noch okay war.

Wir machten eine Bustour durch die City und sahen so alles, was ein Tourist sehen sollte. Wir waren auf der Brooklyn Bridge, auf Ellis Island und natürlich bei der Statue of Liberty, am Times Square, auf dem Rockefeller Center, im Central Park und an vielen weiteren Orten. Wie gesagt: In NYC gibt es einiges zu sehen!

Wir vor der beeindruckenden Manhattan Skyline

Nach einigen Tagen New York fuhren wir mit dem Bus für eine Nacht zu Baracks Weißem Haus nach Washington DC. Leider hatte er wohl viel zu tun und deshalb haben wir uns alleine in der Stadt umgeschaut.

Unser kleiner Drei-Tages-Trip nach Buffalo und zu den Niagarafällen war etwas verschneit, ist aber trotzdem wunderschön ausgefallen. Es gibt nur wenige Menschen, die von sich sagen können, dass sie die Wasserfälle ganz für sich alleine hatten! Über die Rainbow Bridge ging es kurz nach Kanada rüber. Hier konnten wir die Niagara Falls sehr schön sehen und abends strahlten sie durch Scheinwerfer beleuchtet in bunten Farben.

Die Niagarafälle im Schneegestöber – ganz für uns allein!

Allein mit dem Fernglasmann. Bissel windig wars …

Zurück in New York City gönnten wir uns noch ein paar entspannte Tage und am 16. Januar ging es los Richtung Norden.

Auf dem Greenway Bicycle Path ging es nördlich am Hudson River entlang hinaus aus der Großstadt. Es war schön zu fahren, auch wenn wir uns erst einmal wieder an die Ausmaße unserer dick bepackten Räder gewöhnen mussten. Gleich am ersten Tag habe ich mich in der Breite meines Rades etwas verschätzt und blieb zwischen einer Hecke und einem Laternenmast stecken.

Am Ende des Greenway Bicycle Path mussten wir leider feststellen, dass manche sogenannten Fahrradwege in den USA wohl eher unseren deutschen Autobahnen entsprechen. Man kann definitiv sagen, wir als verwöhnte deutsche Biker mussten uns erst einmal an diese neuen Bedingungen gewöhnen. Von Tag zu Tag wurden die Strecke und die Bedingungen aber besser.

Bis Albany hatten wir zwei tolle Warmshower- und Couchsurfing-Abende bei netten Leuten, die uns sehr herzlich aufgenommen haben. Abends beim gegenseitigen Austausch konnten wir sehr viele Reise- und Radtipps für unsere weitere Reise mitnehmen.

Die Washington Bridge – gut geeignet für eine Pause mit Meditation oder Lockerungsübungen

Auf dem Weg Richtung Albany zeigte sich das Wetter mal wieder von allen Seiten und die Radtaschen, die uns bis jetzt immer treu durch Wind und Wetter begleitet hatten, mussten kleine Verluste hinnehmen. Das ganze Herumgerüttel war wohl für einige Halterungen zu viel und wir mussten sie auf dem Weg zurücklassen (man könnte auch sagen, sie haben sich klammheimlich aus dem Staub gemacht).

Für Mathias gab es am 18. Januar zum Geburtstag einen echten amerikanischen Kuchen in Rosa und eine Portion Steak Trockenfleischsnack.

Am 19. Januar kamen wir nach insgesamt 313 km in Albany an und nahmen den Nachtzug nach Chicago, das uns verschneit begrüßte.

39

Amerika war toll, uns ging es gut, auch wenn wir auf dem Fahrrad als die absoluten Freaks galten. Ach ja, ich habe mich auch absolut in die Donuts hier verliebt. Die sind größer als meine Hand, einfach fantastisch! Und durch das Fahrradfahren sind sie gleich wieder abtrainiert!

Nach drei Tagen Sightseeing in Chicago, bitterkaltem Wetter und Großstadtleben im Tiefschnee, nahmen wir Abschied von allen kennengelernten Amerikanern und Reisenden und traten den Weg auf der Route 66 an. Go west!

Unsere Route an der East Coast

Manhattan	40 km	Hostelling International New York
Ossining	72 km	Peter & Lauren *Warmshower*
Fishkill	51 km	Homestead Hotel
Hudson	95 km	Robert (Musica) *Warmshower*
Albany	55 km	Amtrak Train

Gesamt: **313 km**

Wir starten durch auf der Route 66

Wir waren also unterwegs auf der Route 66. Am Mittwoch, den 25. Januar, ging es von Chicago aus los und dann fuhren wir immer weiter Richtung Westen. Auch wenn jeder Tag ungefähr gleich ablief, war doch jeder Tag anders ereignisreich und somit unvergesslich.

Der Beginn der legendären Route 66 in Chicago

Meistens kamen wir nach einem Hotelfrühstück oder einem „selfmade" Frühstück gegen zehn Uhr in die Gänge und somit auf das Bike. Hier sollte das geniale „American Breakfast" der großen Hotels und Motelketten erwähnt werden. Meistens gibt es eine große Auswahl aus Brötchen, Donuts, Muffins, Cornflakes, Pancakes und Waffeln. Dazu Eier und Speck sowie alles mögliche andere, das man sich vorstellen kann. Hauptsache es ist fettig und kalorienreich. Für uns als Radreisende war es aber genau das Richtige. Wir waren gestärkt bis zum Nachmittag und kamen gut mit Snacks über den Tag bis zum Abendessen. Und bei den vielen Radkilometern schlägt so ein Frühstück auch sicher nicht auf die Hüften.

Wir fuhren täglich zwischen 50 und 100 km und kamen nachmittags oder abends irgendwo an, je nach dem, was wir uns unterwegs anschauten und was es zu sehen gab. Wenn möglich suchten wir uns noch vor Einbruch der Dunkelheit ein Motel. Unsere Räder durften wir meistens mit ins Zimmer nehmen, was uns das tägliche Auf- und Abladen der Radtaschen ersparte. Dann ging es erst einmal unter die Dusche, um Hände und Füße aufzutauen. Abends gab es etwas Ordentliches zu Essen, wenn möglich mit einem wohlverdienten Feierabendbier oder einem heißen Tee. Zum Abendprogramm gehörten außerdem der Wetterbericht und das Studieren der Landkarte.

Morgens konnte es dann erst wieder spät losgehen, da die Kälte auch hier in Amerika morgens noch deutlich zu spüren war und die Route 66 zu Beginn des Tages noch glatt und gefroren war.

Unterwegs sahen wir viele Getreidesilos, Farmen, viele wunderschöne leere Wiesen und Felder und viele Route-66-typische Roadsigns und Zapfsäulen, die an alte Zeiten erinnern. Fast durchgehend gibt es an der Route 66 Schilder, Bilder oder Figuren zu bestaunen, die der Straße ihr typisches Flair geben. Auf dem Fahrrad hatten wir genügend Zeit, die Atmosphäre auf uns wirken zu lassen und anzuhalten, so oft wir wollten. Besonders die riesigen Giants, 6 bis 10m hohe Figuren am Wegesrand, waren lustig anzuschauen und uns immer ein Bild wert.

Der Gemini Giant am Rande der Route 66

Das Buch „EZ 66 Guide For Travelers" von Jerry McClanahan beschreibt die Strecke und ihre Sehenswürdigkeiten detailliert. Ohne das Buch wären wir wahrscheinlich an so manchen „Signs" vorbeigefahren.

Auch die kleinen Museen und Ausstellungen über die historische Straße waren eine willkommene Abwechslung und kleine Radpause für uns auf unserem Weg entlang der Route 66.

In Pontiac im Route 66 Hall of Fame Museum wurden wir tatsächlich von der Zeitung interviewt! Als wir mit den wuchtigen Rädern durch die Museumstür kamen, müssen wir wohl ein faszinierendes Bild für die ältere Dame am Museumsschalter abgegeben haben. Wir erzählten ihr kurz, dass wir die Route 66 mit dem Fahrrad fuhren und sie war, wie wir im Nachhinein erfuhren, so begeistert, dass sie ohne unser Wissen die lokale Zeitung anrief. Diese stand auch schon 20 Minuten später in der Tür und die Bewohner der kleinen Stadt Pontiac konnten schon am nächsten Tag unsere Geschichte in der Zeitung lesen.

Das Route 66 Museum in Pontiac – der Ort, an dem wir berühmt wurden!

Gefahren und Bier in Missouri

Während in Illinois der Wind aus der Richtung „Allzeit beschissen" kam, begrüßte uns Missouri feierlich windstill, aber mit unzähligen Steigungen.

45

Missouris Berg- und Talfahrten, die einem Radfahrer viel abverlangen

Das Wetter war hier sehr wechselhaft. Während wir zwischenzeitlich auch schon 18 Grad gehabt hatten, mussten wir nun des Öfteren wieder unsere Regenjacke auspacken.

Manche Tage auf unserem Weg entlang der Route 66 fuhren wir auf endlosen geraden Strecken und die Landschaft veränderte sich wenig. Ein Wasserturm in der Ferne kündigte dann immer die nächste Stadt an und so kämpften wir uns an manchen Tagen von Wasserturm zu Wasserturm. Wir lernten auch mit langweiligeren Tagen umzugehen, an denen jeder seinen Gedanken nachhing.

Unterwegs begegneten wir zahlreichen Kühen und Pferden, die uns immer wieder verdutzt nachschauten. Adrenalinkicks verursachten uns die täglichen Hundeangriffe. Sie schienen unsere Räder nicht ganz so toll zu finden. Während Mathias es noch irgendwie schaffte, die Tiere während dem Fahren zu verscheuchen, war ich nur damit beschäftigt, nicht vom Rad zu fallen, wenn ich voller Panik durch die Schlaglöcher bretterte, als wäre ich auf einer

Buckelpiste unterwegs. So ein Köter erreicht laut unserem Tacho gern mal 30 km/h. Wir waren zum Glück immer schneller.

Von einigen Amerikanern haben wir Tipps bekommen, wie wir die Hunde am Besten abwehren können. Mit Wasser abspritzen oder Schreien führte nur teilweise zum Erfolg. Schon vielversprechender war der Tipp, sich kleine Steine in die Lenkertasche zu laden und beim Angriff als Munition zu verwenden (zumindest wenn man besser zielen kann als Katja). Ich habe auf diese Weise eine blutrünstige Kampfdogge mit einem Steinkopfschuss in die Flucht geschlagen. Mit mir sollte man sich besser nicht anlegen! Naja, vielleicht war der Hund auch drei Nummern kleiner, aber wer kennt sich schon mit Hunderassen aus? Es war auf jeden Fall ein Triumph, von dem ich noch meinen Kindern erzählen werde.

Andere Tiere sehen wir eigentlich nur platt auf der Straße und dann teilweise nur noch schwer zu erkennen, aber harmlos!

Von der Stadt Saint Louis, die tatsächlich Partnerstadt von Stuttgart ist, waren wir eher enttäuscht und froh, als wir uns nach zwei Tagen wieder von ihr verabschiedeten. Zwar verbrachten wir dort einen lustigen radelfreien Tag, aber vielleicht lag das auch an der Budweiser Brauereitour, die wir morgens um 11 Uhr gemacht haben. Zwei Gläser Freibier waren inklusive!

Am Sonntag darauf sahen wir uns dann den Super Bowl an – ganz amerikanisch in einem netten Pub mit Pizza und Chicken Wings. Am 7. Februar fast pünktlich zum Zwei-Monate-Unterwegs-Jubiläum hatten wir genau 2.000 km zurückgelegt.

Ab hier schossen wir alle 1.000 km ein Bild vom Tacho

Am nächsten Tag machte dann prompt der erste Reifen schlapp, aber für jemanden, der das Reifenwechseln in einem professionell geleiteten Kurs gelernt hat, war es kein Problem, ihn auszutauschen.

Zwischenstopp in Kansas

Wir verließen Missouri und begrüßen Baxter Springs und somit den 13 Meilen langen Abschnitt der Route 66 in Kansas.

Kansas war ein kurzes, aber tolles Vergnügen

Obwohl unsere Fahrt durch Kansas sehr kurz war, wollten wir uns nicht die Chance entgehen lassen, auch einmal in diesem Staat zu übernachten. Allein schon deshalb, weil wir den Punkt „In Kansas geschlafen" auf unserer Liste abhaken wollten – was wir dann auch tun konnten.

Wir suchten uns ein kleines Motel in Baxter Springs, in dem wir unsere Nacht in Kansas verbringen konnten. Das Little Brick Inn wurde von netten Leuten geführt, die es in der Nacht allerdings ein wenig zu gut mit uns meinten und unseren Raum auf unerträgliche 32°C heizten. Solche Temperaturen sind am Strand vielleicht genial, aber im Schlafzimmer? Wohl eher nicht! Die Heizung einfach auszuschalten war nicht möglich, da die Besitzer und Mitarbeiter über Nacht außer Haus waren und wir das Motel im Grunde für uns alleine hatten. Irgendwie konnten wir dann doch einschlafen und verlebten quasi unsere erste tropische Nacht auf unserer Reise in Kansas.

An diesem Tag ging es dann nach Oklahoma, das – wie wir hofften – weniger Berg- und Talstraßen hatte. Ich kann euch jetzt schon verraten: Hatte es nicht.

Wild-West-Nostalgie in Oklahoma

Der Staat Oklahoma verspricht Indianer, Buffalos (Büffel) und den längsten Abschnitt der Route 66 in einem Staat. In Illinois hatten wir den ständigen Wind noch verflucht, doch hier in Oklahoma konnten wir darüber nur lachen. Denn hier schoss der Wind uns so stark um die Ohren, dass wir oft auf 5 km/h gebremst wurden. Aber zum Glück kam er auch mal von hinten und blies uns den einen oder anderen Berg hoch. So fährt man gerne Rad! Das viele Abstrampeln belohnten wir uns gerne mit einem amerikanischen Supersize-Eis, wo auch immer es welches zu kaufen gab.

Amerikanische Eisportionen sind der Hammer!

Die zwei Big City Highlights in Oklahoma sind Tulsa und Oklahoma City. Was können wir über Tulsa und OKC sagen? Beide haben eine lange

Geschichte und man kann einiges über die Zeit des Ölbooms erfahren. Auch Pferdefans kommen hier auf ihre Kosten. Diese Städte, so schön sie auch sind, können jedoch den Charme der kleinen Vororte und Dörfer nicht übertreffen. Gerade die besonders abgelegenen Orte, die die Zeit des wilden Westens noch genau einfangen, hinterließen bei uns Eindruck.

Landmarke bei Tulsa

Oft fuhren wir durch sogenannte Ghosttowns, also Geisterstädte. Das sind ausgestorbene kleine Orte, deren frühere Bewohner ihr Geld mit den Reisenden verdienten, die entlang der Route 66 das Land durchquerten. Nach und nach wurden die großen und schnelleren Interstates gebaut, wodurch die kleinen Dörfer ihre Einnahmequellen verloren. Die Bewohner mussten aufgrund fehlender Kunden ihre kleinen Läden schließen, sich andere Arbeitsplätze suchen und mit der Zeit wegziehen. Ein seltsames gespenstisches, aber auch wehmütiges Gefühl beschlich uns, als wir durch die verlassenen Straßen fuhren, auf denen früher das Leben pulsierte.

So kam es auf der Route 66 immer mal wieder vor, dass zwei Dörfer, in denen sich eine Schlafmöglichkeit fand, weit entfernt voneinander lagen. In Chelsea Oklahoma zum Beispiel kamen wir schon ziemlich kaputt und kurz vor Einbruch der Dunkelheit an, um festzustellen, dass das einzige Motel in der Kleinstadt, das Motor Inn, geschlossen hatte. Um diese Jahreszeit waren noch wenige Touristen unterwegs. Das hatte einerseits den Vorteil, dass immer ein Zimmer ohne Reservierung frei war, andererseits waren manche Motels aber noch nicht jeden Tag geöffnet. Zum Glück konnten wir von zwei Handwerkern im Dorf erfahren, dass die Besitzer des Motels gleich nebenan wohnten. Als wir klingelten, begrüßten uns die Besitzer des Motels, Frank und Trudy, überrascht, aber sehr herzlich, und boten uns gleich ein Zimmer an. Sesselbezüge und Gardinen sowie viele kleine Accessoires waren im Route-66-Style genau aufeinander abgestimmt und bei so viel Liebe zum Detail hatten wir wieder einmal das Gefühl, mehr Glück als Verstand zu besitzen.

Am nächsten Morgen wollte uns ein kleines Schneechaos den Tag versüßen. Körperlich ein wenig angeschlagen und auch sonst nicht sehr motiviert zum Weiterfahren, entschieden wir uns, spontan noch eine Nacht im netten Route 66 Motel zu bleiben. In der vorausgegangenen Zeit hatten wir ganz vergessen, auch einmal einen Tag auszuspannen. Seit Chicago hatten wir nicht mehr einen ganzen Tag lang die Beine hochgelegt. Und wie der Zufall es nun einmal wollte, klopfte Frank am Vormittag an unsere Zimmertür und lud uns zum Mittagessen ein, um uns näher kennenzulernen. Wir verbrachten einen wundervoll entspannten Tag und zum Abschied schenkte uns Frank am nächsten Morgen zwei Warnwesten, damit wir auf unserer Reise auch immer gut zu sehen waren. Falls ihr tatsächlich einmal nach Chelsea, Oklahoma kommt, solltet ihr unbedingt eine Nacht im Motel von Frank und Trudy verbringen und den beiden Grüße von uns ausrichten.

Neue Bekanntschaften und noch mehr Presse

Mit neuer Kraft konnte es dann am nächsten Tag ohne Schnee weitergehen.

Je weiter wir Richtung Westen fuhren, umso wärmer wurde es. Unser erster Sonnenbrand ließ nicht lange auf sich warten und schon bald nahm unsere Haut langsam Zebramuster an. Vielleicht liefen uns deswegen die Kühe immer nach? Es war noch nicht so warm wie unser Zimmer in Baxter Springs, aber gute 25°C hatten wir schon auf dem Tacho gemessen.

In Chandler, einem kleinen Örtchen mit knapp 3.000 Einwohnern, besuchten wir endlich einmal wieder eines der vielen Museen auf der „Mother Road". Es war menschenleer, wir hatten es also ganz für uns. Die Besitzerin fragte, woher wir denn kämen und war recht angetan von unserem Vorhaben. Knapp eine Stunde später hatten wir das Museum ganz gesehen und wollten uns gerade verabschieden, als die Museumsangestellte wissen wollte, was denn unser Ziel sei. Ohne lange darüber nachzudenken, antworteten wir: „Bis nach Indien." Sie machte riesige Augen und fragte aufgebracht, ob wir noch etwas mehr Zeit hätten. Dann hob sie den Telefonhörer ab, rief die Presse des Countys an und erzählte aufgeregt: „Du, die fahren nicht nur die Route 66 auf dem Fahrrad, sondern um die halbe Welt!" Eine Viertelstunde später gaben wir unser zweites Interview in Amerika. Am Ende gab es noch ein Foto und bevor wir uns versahen, waren wir auf Titelseite der Lincoln County News.

Wir beide auf der Titelseite der Lincoln County News

Wie sich nun herausstellte, wohnte Jerry McClanahan, dessen Reise- und Streckenführer der Route 66 wir nutzten, tatsächlich in diesem Ort und nur einen Katzensprung von der Route 66 entfernt. Er wusste schon von uns und wollte uns gerne kennenlernen. Jerry lebt für diese Straße und ihn zu treffen war ein echt cooler Zufall. Er zeigte uns seine Galerie und gab uns eine Menge Tipps für den weiteren Verlauf der Strecke. Wir gaben ihm den Tipp, seinen Ratgeber für die neue Auflage eventuell fahrradtauglich aufzubereiten. Wer weiß, vielleicht ist solch eine Auflage inzwischen schon erhältlich?

In einem anderen historischen Museum in Clinton trafen wir Gretel, eine ältere Dame, die ursprünglich aus Deutschland kommt. Sie erzählte uns ihre Geschichte: Wie sie damals 1953 mit ihrem amerikanischen Freund auswanderte und entlang der Route 66 fuhr, mit dem Traum, im Westen neu anzufangen. Ihr Mann ist schon vor einiger Zeit gestorben, aber Gretel blieb für immer in Amerika und lebt noch heute ihren amerikanischen Traum. Jetzt arbeitet sie ehrenamtlich im Museum und freut sich sehr, wenn sie mit deutschen Touristen mal wieder in ihrer Muttersprache sprechen kann.

Auf den Straßen trafen wir in den Inlandstaaten der USA nur sehr selten andere Menschen. In Amerika scheint jeder Auto zu fahren, und sei es nur für zwei Meilen. An vielen Straßen gibt es keine Fußgängerwege, ganz einfach weil sie nicht gebraucht werden. Zu Fuß unterwegs zu sein ist für viele Amerikaner offenbar ein noch größeres Anzeichen von Verrücktheit als Fahrrad zu fahren. Als wir eines Abends gerne eine Pizza zu Fuß holen wollten, war die Hotelbesitzerin sehr besorgt um uns. Der Pizzaservice war etwa einen Kilometer vom Motel entfernt und wir freuten uns, mal wieder zu Fuß gehen zu können. Als wir nach einiger Zeit wieder zurück waren, tatsächlich mit einem Pizzakarton in den Händen, schien die Frau sichtlich erleichtert zu sein.

Texas – eine windige Erfahrung

Am 24. Februar überfuhren wir dann die State Line nach Texas. Ehrlich gesagt wurden wir von vier Hunden wörtlich aus Oklahoma gescheucht. Trotz Verfolgungsjagd ist es uns aber doch gelungen, ein Bild von der Grenze zu machen.

An der Staatsgrenze zu Texas: Wir sind bestens gewappnet für die Südstaaten!

Texas begrüßte uns flach und endlos weit. Außerdem begrüßte es uns super-freundlich in Gestalt der Texaner Butch, Timmy und Co, die wir in unserem ersten Motel kennenlernten und die uns ohne langes Überlegen zum typisch texanischen Barbecue (BBQ) vor dem Motel einluden. Wie sich herausstellte, war Timmy amerikanischer Ureinwohner und hatte noch nie Kontakt mit Europäern gehabt. Wir verbrachten mit ihnen einen sehr netten Abend mit viel Fleisch und Bier. Alle waren sehr an unserem Leben im fernen Europa interessiert und auch wir erfuhren mehr über den Alltag der Elektriker. Amerika ist so weitläufig, dass die Arbeiter monatelang in Motels leben und mit dem stetigen Bau von neuen Stromleitungen und Masten quer durch das ganze Land ziehen.

Am nächsten Tag nahm Butch uns in seinem Pickup 20 Meilen von McLean bis nach Groom mit und wir besuchten gemeinsam das größte christliche Kreuz der nördlichen Erdhalbkugel. Die Fahrt mit Butch kam uns sehr gelegen, denn da die alte Straße zwischen McLean und Groom leider nicht mehr existiert, hätten wir uns ansonsten mit dem Fahrrad auf die Interstate wagen müssen, die die Route 66 auf dieser Strecke vollständig ersetzt. Außerdem war uns der Wind, der inzwischen eine Geschwindigkeit von 90 km/h erreicht hatte und natürlich uns entgegen aus Westen kam, dann doch ein wenig zu viel.

Der Wind sollte in der nächsten Zeit nicht nachlassen. Als wir einige Tage später in Vega, Texas vom Bonanza Motel aufbrachen, blies uns der Wind fast aus dem Sattel. Wir brauchten für rund zwei Kilometer Strecke ganze 30 Minuten! Ein Amerikaner in einem Pickup kam uns entgegen und warnte uns, dass der Wind im Laufe des Tages noch zunehmen solle. Da beschlossen wir kurzerhand, wieder in unser bekanntes Motel in Vega zurückzufahren. Schnell wie der Wind waren wir bei dem starken Rückenwind in zwei Minuten wieder am Motel und checkten bei dem verdutzt blickenden Inder, der das Motel betreibt, in das gleiche Zimmer ein, in dem wir schon die letzte Nacht verbracht hatten. Pausentag.

Der unberechenbare Wind zwang uns in den folgenden Wochen an so manchen Tagen zum pausieren. Die Tage verbrachten wir dann gemütlich in einem naheliegenden Dorf, in unserem Motel oder in Santa Rosa beim Blue Hole. Das ist ein Wasserloch mitten in der Stadt, das 26 Meter tief ist, das ganze Jahr über 65°F hat und dadurch viele Taucher anlockt. Wir hüpften natürlich hinein, aber die umgerechnet 16°C erschienen uns dann doch ziemlich kalt.

In Adrian, Texas erreichten wir den Midpoint, also den Mittelpunkt, der Route 66. Von hier aus sind es genau 1139 Meilen nach Chicago und 1139 Meilen nach Los Angeles. Es war ein tolles Gefühl, diese unglaublich lange Strecke schon zur Hälfte geschafft zu haben!

Die goldene Mitte der Route 66

In der großen Stadt Amarillo pausierten wir für zwei Tage bei einem Pärchen, das wir über die Internet-Community Warmshower kennengelernt hatten. Alex betreibt quasi eine Fahrradwerkstatt in seiner Wohnung und mindestens 15 Räder stehen irgendwo in der Wohnung verteilt. Mit solchen Fahrradliebhabern gab es natürlich unendlich viel Gesprächsstoff über die Reise, Fahrräder im Allgemeinen und alles mögliche andere. In Amarillo besuchten wir auch eine echt texanische Kuhauktion und erlebten unseren ersten amerikanischen Sandsturm. Durch den Sturm nahm der Himmel über der Stadt rot bräunliche Farben an, Palmen und Sträucher verbogen sich. Ein Fortkommen zu Fuß war nur schwer möglich, nicht nur wegen dem heftigen Wind, sondern auch wegen dem Sand, der uns ins Gesicht peitschte. Zum Glück waren wir gerade nicht irgendwo auf der Route 66 unterwegs. Außerdem hörten wir von einigen Hurrikans, die gerade über Kansas und Oklahoma hinwegzogen. Das war ein komisches Gefühl, da wir doch nur wenige Wochen zuvor auch dort sehr angreifbar auf dem Rad unterwegs gewesen waren. Deshalb geben wir euch einen Tipp: Seht euch immer morgens im Motel vor der Abfahrt die Wettervorhersagen und Hurrikanwarnungen im Fernsehen an!

Auf dem Weg aus Amarillo hinaus kamen wir an der berühmten Cadillac Ranch vorbei. Dieses Kunstwerk besteht aus zehn Cadillacs, die mit der vorderen Hälfte im Boden eingegraben sind. Wenn es nicht gerade wegen einer staatlichen Aktion gesperrt ist, darf man das Gelände betreten und die Cadillacs besteigen oder auch weiter ansprayen. Leider lagen rings um die Cadillacs verteilt sehr viele leere Spraydosen, was das faszinierende Bild von zehn hochkant aufgestellten Autos ein wenig getrübt hat. Trotzdem verewigten wir uns auf einem der Cadillacs und fuhren weiter dem Westen entgegen.

Die Cadillac Ranch, ein lebendiges Kunstwerk

New Mexico, oder: Von Disteln und Wohnmobilen

Kaum waren wir über die Stateline nach New Mexico gefahren, hatten wir auch schon einen Platten.

Erzfeind aller Reifen: Die Disteln in New Mexico

Wir kamen also mitten im Nirgendwo auf der Route 66 wegen einem Plattfuß zum Stehen. Die Wolken wurden immer dunkler und es fing langsam an zu nieseln. Gerade als wir das Rad ausgebaut hatten, fiel uns in der Ferne eine kleine Staubwolke auf, die auf uns zukam. Die fahrende Staubwolke entpuppte sich als alter verrosteter Pickup, mit einem „Redneck" als Fahrer, also einem Landarbeiter aus den Südstaaten. Klischeehafter hätte er nicht sein können: schlaksig, Vollbart, mit Kippe im Mundwinkel und ölverschmiertem Blaumann. Er stieg grinsend aus seiner Rostlaube und fragte uns, ob wir Hilfe bräuchten: „Do ya need help here?" Unsere Augen waren immer noch eher auf die Ladefläche gerichtet und wir fragten uns, ob er wohl eine Flinte da hinten liegen hatte. Wir verneinten seine Frage unsicher aber freundlich. An unserem

Akzent nahm er wohl wahr, dass wir möglicherweise Deutsche waren. Er schwang sich zurück in seinen Pickup und rief uns zu: „I'll be right back you guys", und schon war er weg. So wirklich glaubten wir nicht daran, dass der Kerl tatsächlich noch einmal zurückkommen würde, trotzdem war uns die Sache irgendwie nicht ganz geheuer.

Wir waren uns einig, dass wir so schnell wie möglich das Rad reparieren und uns zügig aus dem Staub machen mussten. Gesagt, getan, und es folgte ein Radwechsel in Rekordzeit. Sobald der Schlauch wieder Luft hatte, bepackten wir schleunigst das Fahrrad mit den Radtaschen. Doch kurze Zeit später kam uns die nun schon bekannte Staubwolke erneut entgegen. Okay, cool bleiben. In diesem Moment gingen uns viele unangenehme Gedanken durch den Kopf. Wie sich am Ende jedoch herausstellte, waren sie völlig unberechtigt. Der Kerl brachte uns Werkzeug und zwei Flaschen deutsches Bockbier. Er stellte sich als Don vor, gab uns seine Adresse und Telefonnummer und meinte, wir könnten uns jederzeit melden, falls noch einmal irgendetwas sein sollte. Wow! Diesen Südstaatler hatten wir kolossal falsch eingeschätzt. Tatsächlich wurde aus diesem Tag ein tolles Erlebnis, das wir wohl nie vergessen werden. Außerdem gab uns Don den Tipp vom grünen „Superslime", doch dazu später mehr.

Wir verabschiedeten uns nach dieser netten Begegnung, bevor sich der Himmel komplett verdunkelte. Es sollte auf dem Weg ins nächste Dorf nicht nur bei diesem einen Loch im Schlauch bleiben. Noch zweimal mussten wir den Schlauch wechseln und mit dem dritten Platten konnten wir gerade noch bis zum Motel fahren. Am Abend beim Flicken stellten wir insgesamt elf Löcher fest. Mit großer Wahrscheinlich wurden sie durch die Disteln verursacht, denen man in New Mexico kaum ausweichen kann.

Am nächsten Tag nahmen wir den Tipp von Don gerne an und kaufen Green Slime im Supermarkt. Diese zähflüssige grüne Flüssigkeit, die man sich wie Slimer aus Ghostbusters vorstellen kann, füllen sehr viele Amerikaner in ihre Autoreifen, um Platten auf unbefestigten Straßen vorzubeugen. Für das Fahrrad ist der Schleim auch anwendbar und soll alle Löcher bis 3 mm stopfen können. Wie es der Zufall so will, hatte Mathias am nächsten Tag einen Platten mit einem Durchmesser von 3 cm. Naja, da half dann auch der Slime nichts mehr.

Grüner Schleim, die Wunderwaffe gegen Löcher im Reifen

An der New Mexico State Line ist die Route 66 leider teilweise unterbrochen, da die Interstate genau auf die alte Straße gebaut wurde. Wir mussten größere Umwege in Kauf nehmen oder auf dem Seitenstreifen der Interstate fahren. Direkt auf der Interstate zu fahren ist zwar fast immer erlaubt, allerdings ist es nicht wirklich schön. Es ist wohl so ähnlich wie auf der Autobahn zu fahren, nur mit dem Unterschied, dass es nicht im Radio durchgesagt wird. Oft gibt es eine Straße genau neben der Interstate, die sogenannte Service Lane. Allerdings kann die schon einmal einfach aufhören und der Weg zur Interstate ist durch einen Stacheldrahtzaun, ein Kakteenfeld und noch einen Stacheldrahtzaun getrennt. So kamen wir in den Genuss, unsere Räder und das Gepäck ein wenig spazieren zu tragen.

Um einen langen Abschnitt der Interstate zu umgehen, entschieden wir uns, von Santa Rosa Richtung Santa Fe zu fahren und von dort aus nach Albuquerque zurück. Eine direkte Verbindung nach Albuquerque führt nur immer entlang der Interstate. Unterwegs machten wir Halt auf dem netten KOA-Campingplatz in Las Vegas, New Mexico. Der Campingplatz wurde schon seit vielen Jahren von Debby und Danny, einem freundlichen Ehepaar älteren Jahrgangs betrieben. In diesem kleinen verschlafenen Ort, nicht zu verwechseln mit dem berühmten Las Vegas in Nevada, verbrachten wir zwei gemütliche Tage. Debby und Danny nahmen uns spontan mit in die Stadt zum Einkaufen und Danny verwöhnte alle Besucher des Campingplatzes am Sonntagmorgen mit seinen berühmten Pfannkuchen.

Die Amerikaner haben übrigens Wohnwagen in riesenhaften Dimensionen, wie man sie sich hier nur schwer vorstellen kann. Liebe Verwandtschaft, die Campinggefährte, die ihr so fahrt, sind ein Witz gegen die amerikanischen „Fifth Wheels", wie sie ihre Wohnwagen hier nennen. Der Innenraum des Wagens lässt sich auf elektronische Weise herausfahren bzw. vergrößern. Wie von Zauberhand hat man eine Wohnung auf zwei Rädern. Um so ein Tonnengeschoss zu ziehen, benötigt man natürlich einen extradicken Pickup. Auf einem europäischen Campingplatz hätte so ein „Fifth Wheel" wohl kaum Platz. Da die USA so groß sind, machen sehr viele amerikanische Rentnerpaare für einige Monate Urlaub mit ihrem Wohnwagen und reisen durch das ganze Land. Einige verkaufen ihre Häuser auch ganz und beziehen ihr „Fifth Wheel" als neue Wohnung. Auf diesem Weg durften wir viele nette ältere Menschen auf den Campingplätzen kennenlernen.

New Mexicos Landschaft ist mit den Canyons, den unzähligen Farben und der endlosen Weite bis jetzt unser absoluter Favorit. Dafür ist das Wetter dort unberechenbar und während wir an manchen Tagen bei 30 °C den Berg Richtung Campingplatz hinaufhechelten, wachten wir am nächsten Tag mit leichtem Schnee bei -3 °C auf.

Katja war einfach nur platt von den vielen Steigungen

Auf dem Glorieta Pass kurz vor Santa Fe standen wir auf dem höchsten Punkt der Route 66 (7500 Fuß). Nach einer verschneiten Nacht in Santa Fe ging es die letzten Kilometer nach Albuquerque. Auf dem Weg kamen wir an vielen kleinen Dörfern vorbei, die im typischen mexikanischen Stil erbaut wurden. Die braunen, aus Lehmziegel gefertigten Gebäude haben typisch abgerundete Ecken. Diese Bauweise wird auch als Adobe-Stil bezeichnet.

Unsere beiden treuen Begleiter in Pose

Zwei Tage später liehen wir uns einen Mietwagen aus. Wir gönnten uns ein paar Tage Radelpause, um uns motorisiert noch mehr vom tollen Amerika anzusehen.

Unsere Route auf der Route 66

ILLINOIS

Chicago	7 km	Taylor Warmshower
Romeoville	68 km	Extended Stay Hotel
Dwight	85 km	Classic Inn
Bloomington	92 km	Parke Hotel
Lincoln	62 km	Budget Inn
Springfield	59 km	Homestyle Inn
Carlinville	83 km	Carlin Villa Motel
Edwardsville	75 km	Comfort Inn

MISSOURI

Saint Louis	41 km	Huckleberry Finn Youth Hostel
Gray Summit	71 km	Travellodge
Sullivan	63 km	Family Motor Inn
Rolla	72 km	Americas Best Value Inn
Lebanon	101 km	Munger Moss Motel
Marshfield	54 km	Holiday Inn Express
Springfield	49 km	Redwood Inn

Carthage	91 km	Guest House Motel

KANSAS

Baxter Springs	56 km	The Little Brick Inn

OKLAHOMA

Miami	27 km	Econolodge
Chelsea	81 km	Motor Inn
Tulsa	87 km	Desert Hill Motel
Stoud	98 km	Skyliner Motel
Edmond	80 km	Strafford Inn
Oklahoma City	43 km	Americas Best Value Inn
El Reno	60 km	Budget Inn Motel
Weatherford	76 km	Americas Best Value Inn
Elk City	74 km	Home Town Motel
Erick	62 km	Days Inn

TEXAS

McLean	72 km	Cactus Inn

Groom	(Butch)	Chalet Inn
Amarillo	76 km	Big Texas Motel
Amarillo West	23 km	Alex Warmshower
Vega	52+8 km	Bonanza Motel

NEW MEXICO

San Jon	93 km	Motel San Jon
Tucumcari	43 km	Americana Motel
Santa Rosa	104 km	Sunset Motel
Las Vegas	107 km	KOA Danny & Debby
Santa Fe	108 km	Econolodge
Bernalillo	84 km	Motel 6
Albuquerque	53 km	Sleep Inn

Gesamt: **2.640 km**

Mit Klaus durch Colorado

Nach genau 2.953 km in den USA tauschten wir unsere Bikes für zwei Wochen gegen ein Auto aus. Unsere Wahl fiel auf einen weißen Toyota Yaris, dessen Kofferraum keinen Zentimeter kleiner hätte sein dürfen, um beide Fahrräder mit spazieren zu fahren. Wir tauften den Flitzer auf den Namen „Klaus". Er war ja sozusagen unser neuer Reisekumpel.

Wir präsentieren: Klaus

Unser erstes kleines Sightseeing-Highlight war Mesa Verde in Colorado, ein Nationalpark mit Dörfern (Pueblos) der nordamerikanischen Ureinwohner, die zum Teil seit 1.000 Jahren verlassen sind. Die alten Paläste und Felsbehausungen inmitten der Canyons sind sehr beeindruckend.

Verlassene Stadt in Mesa Verde

Auch interessant sind die sogenannten Four Corners. Das ist der einzige Punkt in den USA, an dem genau vier Staaten zusammentreffen. Jetzt können wir sagen, dass wir gleichzeitig mit einer Hand in Colorado, der anderen in Utah und mit den Beinen in New Mexico und Arizona waren. Das hört sich recht lustig an und auf seine Weise ist es das auch; dennoch würden wir euch nicht wirklich empfehlen, einen Umweg zu machen, um die Stelle zu sehen. Eigentlich ist es nur ein Punkt in der Wüste, der von Souvenirläden umstellt wird.

Mathias gleichzeitig in vier US-Staaten

Eindrucksvolle Landschaften in den Südstaaten

Als nächstes ging es nach Utah. Das Navajo Indian Reservat hat eine der beeindruckendsten Naturlandschaften der USA zu bieten: das Monument Valley. Kaum waren wir dort, kamen wir aus dem Staunen nicht mehr raus. Mit Klaus schlichen wir in Schrittgeschwindigkeit auf den unbefestigten 17 Meilen des Straßenabschnitts um die Steinmonumente herum. Die Frage, wie so etwas entstehen kann, kam bei uns im Sekundentakt auf. Wir fuhren kilometerweit durch flaches Land, in dem riesige Felsblöcke scheinbar zufällig herumstanden.

Monument Valley – absolut beeindruckend!

Reichliche Informationen über dieses Tal erhält man im örtlichen Visitor Center, von dem aus auch der Auto-Rundweg durch das Tal startet. Diese staubige Piste kann entweder mit dem eigenen Wagen befahren oder als von Einheimischen geführte Tour gebucht werden. Wir fuhren mit Klaus und konnten dadurch so viel Zeit auf dem Gelände verbringen wie wir wollten. Die geführten Touren verschaffen einem jedoch auch Zugang zu Teilen des Monument Valleys, die abseits der für Einzelpersonen erlaubten Route liegen. Die bekanntesten Felsformationen befinden sich jedoch im allgemein zugänglichen Bereich des Tals.

Einer der absoluten Höhepunkte unserer zweiwöchigen Reise mit dem Auto war der Grand Canyon. Diese beeindruckende Schluchten-Landschaft ließ uns den ganzen Tag staunen und machte uns sprachlos. Unser Stopp dort war ein fast perfektes Erlebnis. Einziger Dämpfer: Als wir die Fahrräder für eine kleine Radtour aus dem Auto geladen hatten, stellte ich fest, dass bei meinem Rad

die Achse gebrochen war. Da wir zum Glück gerade nicht auf die Räder angewiesen waren, besorgten wir uns ein paar Tage später eine neue Achse in einem kleinen Fahrradgeschäft.

Wir verbrachten zwei Tage mit Übernachtung auf dem Mather Campground
mitten im Grand Canyon National Park. Auf diesem Natur-Campingplatz gab
es keine Duschen oder Laternen. Die einzigen Lichter bei den Toiletten wurden durch Solarzellen erzeugt.

Der Grand Canyon beeindruckte uns sehr!

Wir hatten einige richtig warme Tage in Arizona verbracht. Aber am Tag nach
unserem Besuch am Grand Canyon machte uns in William, Arizona der
Schnee einen Strich durch die Wetterrechnung.

Wo wir uns am Vortag noch bei 25 °C das Fell hatten bräunen können, wurden
wir am nächsten Morgen mit -5 °C und Tiefschnee geweckt. Nur gut, dass wir
für diesen Tag sowieso keine Pläne hatten, da hat es uns nicht wirklich gestört.

73

In Arizona brach über Nacht ein Schneechaos über uns herein

Zocken in Las Vegas

Als Nächstes stand Nevada auf unserer Reiseliste. Wir wurden vom Hoover Dam begrüßt und schon ging es hinein nach Las Vegas: die Stadt, in der alles passieren kann, Casinos und Hangover. Es war sehr skurril, nach den vielen Nationalparks jetzt in diese Neonstadt einzufahren. Es war genau so wie es sich wahrscheinlich die meisten vorstellen: viele strahlende, blinkende Lichter und ein lautes Nachtleben. Der erste Eindruck, den die Stadt auf uns machte, erinnerte uns an das bekannte Motto: „Whatever happens in Vegas, stays in Vegas", denn Laster sind dort an jeder Ecke zu finden. Nicht umsonst wird Las Vegas auch Sin City genannt. Dieser Name war auch für uns Programm und so verzockten wir unser ganzes Geld und waren eine Woche später wieder in Deutschland.

Las Vegas Popos – kein Wunder, dass man die Stadt auch Sin City nennt!

Kleiner Scherz. Wir waren natürlich artig und anstatt unser ganzes Geld zu verzocken, haben wir uns die Show von David Copperfield angesehen. Die Show können wir absolut empfehlen, wir geben ihr fünf Sterne! Laut Katja ist Copperfield außerdem ein Mann zum Heiraten. Gut, dass ich da auch noch ein Wörtchen mitzureden habe!

Ansonsten haben wir das typische Las-Vegas-Programm abgehakt: ein bisschen Roulette, ein Würfelspiel, das wir nicht verstanden haben und die „Deal or No Deal" Maschine. Diese Maschine wird mich wohl noch Jahre verfolgen. Ein Dollar Einsatz reicht mit ein wenig Glück aus, um einmal zu spielen. Wir hatten dieses Glück und leider wollten wir Angsthasen nicht bis zum Ende zocken. Wir haben zwar stolze 13 Dollar gewonnen, und uns gefreut wie die Schneekönige, wenn wir aber bis zum Schluss weitergemacht hätten, wäre am Ende der maximale Gewinn, den wir ausgewählt hatten, im Koffer gewesen.

Naja … Wer Pech im Spiel hat, soll ja bekanntlich Glück in der Liebe haben …

Unglaublich interessant fanden wir es allerdings, den anderen Besuchern zuzuschauen. Manche verzockten tatsächlich in unter einer Stunde soviel Geld, wie wir zum Leben für unser ganzes Reisejahr eingeplant hatten. Da wir uns diesem Risiko nicht aussetzen wollten, kehrten wir Sin City schließlich den Rücken, um unsere Reise fortzusetzen.

Abschied von Klaus in San Diego

Nach Las Vegas war es in Blythe am Colorado River deutlich ruhiger. Beim Campen lernten wir den Amerikaner Steve kennen. Wir verstanden uns super und als er von unserer Fahrradreise erfuhr, wollte er uns spontan ein Stück begleiten. Gesagt, getan. Zwar wollten wir noch ein paar Tage mit Klaus weiterfahren, doch wir verabredeten uns für ein Wiedersehen in einigen Tagen in San Diego, um dann gemeinsam an der Küste entlang nach San Francisco zu radeln. Wir waren gespannt, wie das reisen zu dritt werden würde!

Camping in Blythe

Von Blythe fuhren wir mit dem Auto Richtung San Diego, nahe der Grenze zu Mexiko. Es waren unsere letzten Tage mit Klaus. Zum Abschluss der Autofahrt waren wir wahrscheinlich am merkwürdigsten Ort unserer ganzen Reise, dem Salton Sea im Death Valley. Er ist der größte See in Kalifornien und liegt inmitten der größten Wüste der USA. Entstanden durch eine Überflutung des Colorado Rivers im Jahr 1905, ist dieser See salziger als der Pazifik und beherbergt keinerlei gesundes Leben. Wie eine Geisterstadt für tote Fische gibt es hier nichts außer dem Nichts und dem Salvation Mountain, der die Verrücktheit dieser Gegend noch hervorhebt. Um den Salvation Mountain herum leben einige Hippies, die bewusst ein sehr einfaches Leben führen. Ein Künstler arbeitet schon seit sehr vielen Jahren an diesem Berg und gestaltet in mit Strohballen und vor allem sehr viel Farbe immer weiter.

Wir waren froh, diesen Ort und dieses etwas andere Kalifornien erlebt zu haben, und das nicht nur, weil es einige Meter vom Salton Sea entfernt viele

Campingplätze mit natürlichen Hot Springs gibt. In diesen heißen Quellen ließ es sich bis spät in die Nacht gut aushalten und wir verbrachten die meiste Zeit des Tages um und in den Quellen.

Salvation Mountain, ein seltsames Kunstwerk

In San Diego wurden wir von der strahlenden Sonne empfangen und waren so nah an der Grenze, dass wir fast nach Mexiko hinüber spucken konnten. Hier mussten wir uns von Klaus verabschieden; von jetzt an wollten wir uns wieder auf die Fahrräder schwingen. In der Stadt genossen wir das typische Hostelleben und gingen abends mit Reisenden aus dem Hostel ein Bier trinken. Außerdem war es Zeit, das erste Paket mit Wintersachen und den vielen Souvenirs von der bisherigen Reise nach Deutschland zu schicken. Solche Pakete sind zwar nie ganz billig, aber das war es uns auf jeden Fall wert.

Steve würde es nicht ganz bis nach San Diego schaffen, aber er war noch immer schwer davon überzeugt, mit uns zu fahren. Wir wollten ihn in der Nähe von Los Angeles aufgabeln. Wir planten jetzt grob unsere weitere Reise und buchten unseren Flug nach Hawaii. Spätestens am 30. April wollten wir in Oakland sein.

Nach 16 Tagen mit Klaus und drei Tagen Pause in San Diego waren wir wieder heiß aufs Fahrrad und strampelten die folgenden Wochen an der Küste entlang, immer Richtung Norden mit dem Ziel San Francisco.

Unsere Route mit Klaus

Santa Fe	158 km	Econolodge
Durango	405 km	Days End
Bluff	304 km	Kokopelli Inn
Tuba City	269 km	Navajo Nation RV Park
Grand Canyon	170 km	Mather Campground
Williams	103 km	Econolodge
Las Vegas	405 km	Excalibur
Needles	204 km	KOA
Blythe	181 km	KOA (Steve)
Salton Sea	234 km	KOA Glanis North
San Diego	381 km	Americas Best Value Inn

Gesamt: **2.814 km**

Kalifornien – das Ende der Route 66

Schon wenige Kilometer nachdem wir San Diego verlassen hatten, wurden wir von den ersten Robben angelockt, die an vielen Teilen der Küste mit ihren Babys herumlagen. Ihre Kulleraugen und die typisch gemütliche Faulheit ließen uns fast neidisch werden.

Robben an der Küste bei San Diego

Es ging immer an der Küste entlang, aber auf dem Weg nach Los Angeles gab es einen recht bekannten Park, den wir uns nicht entgehen lassen wollten. Deshalb ließen wir uns auch nicht von dem kleinen Umweg durch den Stadtverkehr abschrecken. Wir verließen die Küste und besuchten Disneyland in Anaheim. Leider verbrachten wir bei unserer ersten Achterbahn etwa eine Stunde in der Warteschlange. Zum Glück verstanden wir durch ein freundliches Pärchen nach dieser langen Wartezeit das Prinzip des „Fast Pass". Bei jeder Attraktion hat man einmalig die Möglichkeit, an einem Automat den sogenannten Fast Pass zu lösen. Kommt man zu der Zeit wieder, die auf dem Ticket angegeben ist, wird man sofort zum Fahrvergnügen durchgewunken. Wir waren dann auch „nur" etwa 13 Stunden im Park – Stunden, die wir mit unglaublichem Spaß verbrachten. Heute können wir bestätigen: Disneyland ist tatsächlich der „Happiest place on earth"; wenn man von den Fußblasen absieht, die wir uns gelaufen haben.

Als wir wieder zurück an der Küste waren, ging es nach Los Angeles, wo sich Stars und Sternchen treffen … und zwei Deutsche auf dem Fahrrad. Gesehen haben wir alle typisch touristischen Highlights. Wir besuchten die Universal Studios (die absolut empfehlenswert sind, ihr müsst unbedingt hingehen, wenn ihr einmal nach L.A. kommt), den Walk of Fame und das Hollywood Sign. Zum großen Leidwesen von Katja hat sich Ashton Kutcher nicht blicken lassen und im Allgemeinen waren wir auch nicht unbedingt fasziniert von der Stadt. Leider gibt es nur wenige Schritte vom Glamour der Stars entfernt viel Armut und Schmutz, die einen starken Kontrast zur reichen Hollywoodwelt darstellen.

Am Hollywood-Sign

Wir fuhren mit den Rädern durch Beverly Hills und besuchten den berühmten Rodeo Drive. Am Pier in Santa Monica kamen wir zum Ende der Route 66. Hier steht ein entsprechendes Schild und Dan Rice besitzt einen kleinen Souvenirladen mit allen möglichen Route-66-Artikeln. Wir tranken ein letztes Route 66 Root Beer und unterhielten uns mit Dan. Es war ein ganz merkwürdiges Gefühl, hier zu stehen. Ein großer Teil unserer Reise lag jetzt schon hinter uns, wie uns langsam bewusst wurde. Die Zeit war viel zu schnell vergangen!

Trotzdem überwog der Drang zum Weitermachen und wir waren stolz und zufrieden darüber, was wir schon geschafft hatten.

Mit gemischten Gefühlen erreichten wir das Ende der Route 66

Am Nachmittag fuhren wir noch bis zum Hostel am Venice Beach, wo wir wie vereinbart Steve wiedersahen. Er hatte also wirklich Wort gehalten, sein Rad geschnappt und war nach Venice gekommen. Solche Zuverlässigkeit konnte man nicht von jedem Amerikaner behaupten und deshalb waren wir bis zum letzten Tag gespannt, ob Steve überhaupt auftauchen würde. Wir haben die Erfahrung gemacht, dass uns Amerikaner immer freundlich und uns zugewandt begegneten, man aber so manche vorschnelle Einladung auf ein Wiedersehen nicht allzu ernst nehmen darf. Unser Wiedersehen feierten wir am

Abend erst einmal in einem gemütlichen Irish Pub mit Live-Band, bevor es dann Richtung Norden gehen sollte.

Wir genossen noch einen Tag lang die Verrücktheit der Kalifornier in Venice Beach. Es gibt dort sozusagen Spielplätze für Erwachsene, wo jedermann seine Muskeln stählen kann. Man trifft auf Green Doctors, die einem ohne viel Aufwand legal Marihuana auf Rezept verschreiben. Viele neonfarben gekleidete Biker und Skater tummeln sich auf dem sogenannten Boardwalk, dem Weg am Strand entlang. In Kalifornien scheint jeder Sport zu treiben und wir fielen als Radfahrer zum ersten Mal nicht mehr auf.

Mit Steve an der West Coast entlang

Zu dritt ging es also los. Steve aus Arizona wurde sofort ein wichtiges Mitglied unseres Teams. Er war Single, mochte Snickers und Erdnussbutter und hörte beim Fahrradfahren immer klassische Musik über sein selbstgemachtes Mono-Radio, das er an sein Bike geschnallt hatte. Besser hätten wir einfach nicht zusammenpassen können.

Steve mit uns auf der California 1

Steve ließ uns an seinen in Kalifornien verstreuten Freunden Teil haben. Mit einigen seiner Freunde aus El Segundo gingen wir mexikanisch Essen, mit Jami aus Santa Barbara machten wir eine tolle Weintour und in Monterey verbrachten wir einen Abend am Hafen auf einem Hausboot. Ein großes Dankeschön an Steve und seine Freunde!

Die Radeltage zu dritt waren eine nette Abwechslung zu den letzten Monaten zu zweit und auch die gemütlichen Abende nach einem anstrengenden Tag wollten wir nicht missen.

Und dann kam Big Sur, ein Küstenstreifen, der sich von San Simeon im Süden bis Carmel im Norden erstreckt. Es heißt doch immer: Bilder sagen mehr als tausend Worte. Hier traf dieses Sprichwort zu, denn die Schönheit dieser Gegend ist kaum in Worte zu fassen. Big Sur erstreckt sich entlang der Küste Kaliforniens. Die Straße windet sich bergauf und bergab sehr nah am Abgrund zum Pazifischen Ozean. Oft mussten wir aufpassen, dass wir auf der kurvigen

Straße nicht übersehen wurden. Die Strecke war wunderschön und wir übernachteten meistens auf einem der Campingplätze, die hier die Möglichkeit „hike and bike" anbieten. Als Radfahrer oder auch Wanderer muss man hier keinen Platz reservieren, sondern bekommt auch bei guter Auslastung ein kleines Fleckchen Wiese ohne Strom zugewiesen. Diese Übernachtungsmöglichkeiten werden oft von den State Parks oder State Beaches angeboten und sind auf Karten gut gekennzeichnet. Auf diesen Plätzen lernten wir dann auch viele andere Tourer kennen. Diese Plätze waren oft Gold wert, kosteten aber nur 5 Dollar pro Nacht! Und bei den herrschenden sommerlichen Temperaturen ließ es sich auch endlich im Zelt aushalten. Steve verbrachte die Nächte auf seinen Reisen immer im Freien auf einer Zeltplane in einem dicken Schlafsack.

Perfekte Campingplätze gibt es auf den Hike & Bike Sites

Auch wenn uns einige Leute sagten, dass wir die Strecke in die falsche Richtung fuhren (wir hatten fast immer mit Gegenwind zu kämpfen), war die Fahrt von Süden nach Norden unserer Meinung nach gut zu bewältigen. Der Wind in Oklahoma hatte uns wahrscheinlich abgehärtet. Trotzdem mussten wir wegen des starken Windes unser Zelt auch einmal unter einer Brücke aufschlagen. Bei zu starkem Gegenwind war die Strecke bis zum nächsten State Beach einfach zu weit und zu anstrengend. In den USA ist Wildcampen nicht erlaubt und so war die Nacht sehr aufregend für uns, da wir uns ja nicht erwischen lassen durften. Die Fahrt von Süden nach Norden hatte zudem den Vorteil, nicht ständig von der Sonne geblendet zu werden.

Die wunderschöne Landschaft machte viele Strapazen wieder wett und auch hier waren wir froh, auf unseren Rädern unterwegs zu sein. Im Auto ist es einfach nicht so gut möglich, wo immer man möchte anzuhalten und zu staunen. Unsere ersten Wale konnten wir genau hier sehen. Welches Glück für uns!

Big Sur – Wunderschöne Aussicht und Berge ohne Ende

Blumenteppich am Highway 101

In Monterey mussten wir uns leider schon von Steve verabschieden, da er früher als gedacht ein Jobangebot bekam. Wir machten uns allein wieder auf den Weg und fuhren die letzten Tage an der Küste entlang immer weiter nach San Francisco. Auf einem Campingplatz trafen wir eine deutsche Familie, die auf dem Rad in Richtung San Diego unterwegs war. Da sie mit zwei Kindern und dreimal so viel Gepäck unterwegs waren wie wir, hatten wir großen Respekt vor diesem Vorhaben. Es ist offenbar mehr möglich, als wir vermutet hätten und im Stillen dachten wir uns, dass wir mit Sicherheit nicht die Verrücktesten auf dieser Strecke waren.

San Francisco

Die schöne Stadt San Francisco begrüßte uns mit den berühmten Hügeln, auf denen die Stadt gebaut ist. Wir schauten uns Alcatraz an, fuhren mit der Tram und spazierten am Fishermans Wharf entlang. Nachdem sich eines Nachts ein trinkfreudiger Argentinier in unserem Hostelzimmer übergeben hatte, hatten wir erst einmal genug von Hostelleben und waren deshalb umso glücklicher, dass wir ein paar Tage in Greenbrae, Marin County, bei Mathias' früherer AuPair-Familie verbringen konnten.

Es war eine schöne Abwechslung, nach etwa fünf Monaten wieder so etwas wie ein kleines Zuhause zu haben. Wir gingen zum Giants Baseballspiel und machten eine nette Weintour durch das Napa Valley, wo der sehr gute kalifornische Wein herkommt. Ein alter Freund von Mathias hatte hier ein Weintour Business eröffnet und freute sich, uns zu einer Verkostung einzuladen. Solche Touren durch das wunderschöne Napa Valley mit all den schönen Weingütern und Weinbergen können wir nur weiterempfehlen.

Aber am wichtigsten war es uns, ein paar schöne Tage und Nächte mit der Familie und den beiden Kindern zu verbringen. Dadurch hatten wir einen tollen, wenn auch nicht leichten, Abschied vom Festland der USA.

Unserer Route durch Kalifornien

San Diego	46 km	YHI San Diego
San Elijo SB	57 km	Camp Ground State Beach
Doheny SB	76 km	Camp Ground State Beach
Anaheim	57 km	Econolodge
El Segundo	62 km	Justin
Hollywood	33 km	Banana Bungalow
Venice	41 km	Venice Beach Hostel
Malibu	58 km	Leo Carillo State Beach
Carpinteria	82 km	State Beach
Santa Barbara	30 km	Jami
Lompoc	105 km	Travellodge
San Luis Obispo	113 km	Motel 6
Morro Bay	35 km	Holland Inn & Suites
Hearst Castle	61 km	Wild Camping (Brücke)
Limekiln	55 km	State Beach
Big Sur	45 km	Pfeiffer Big Sur State Park
Monterey	67 km	Oren

Santa Cruz	99 km	Americas Best Value Inn
Half Moon Bay	93 km	State Beach
San Francisco	47 km	Adelaide Hostel
Greenbrae (SF Tour)	60 km	Squiers Family

Gesamt: **1.322 km**

Hawaii

Von Oakland ging es mit dem Flugzeug auf die hawaiianische Insel <u>Maui</u>. Gleich zur Einstimmung gewann Mathias bei einem Gewinnspiel im Flugzeug eine Hawaiianische Kette.

Schon am Flughafen forderte uns die Insel das erste Mal heraus (und bei diesem ersten Mal sollte es nicht bleiben). Fahrräder und die doch eher ungewöhnlichen Gepäcksäcke werden wohl nicht oft auf dem Flughafen von Hawaii gesehen. Erst nach gefühlten tausend Sicherheitskontrollen durfte alles mit auf die Insel und wir fanden unseren Weg zum Hostel.

Willkommen auf Hawaii!

So wunderschön Maui auch ist, als Besucher mit beschränktem Geldvorrat und Biker hat man es nicht immer leicht auf dieser Insel. Eine Kokosnuss für 10 Dollar ist dort schon ein absolutes Schnäppchen! An die hawaiianischen Preise mussten wir uns erst einmal gewöhnen. Essen, Unterkunft und Gebrauchsgegenstände waren allgemein um einiges teurer als auf dem Festland.

Wir hatten uns vorgenommen, die Insel zu umrunden und den Vulkan Haleakala mit seinen 3.055 Metern Höhe zu bezwingen. Heute können wir uns nicht mehr erklären, wie wir das letztendlich schaffen konnten, aber wir haben es tatsächlich gemeistert. Maui bietet auf der Nordseite viel Grün und Regenwald. Die Südseite ist eher trocken und auf weiten Teilen von schwarzem Lavagestein bedeckt. Das einzige, das beide Seiten der Insel verbindet, sind Berge wohin man auch blickt. In der Mitte überragt sie der von allen Seiten sichtbare erloschene Vulkan, der allerdings meistens wolkenverhangen ist. Für die Augen war dies ein wunderschöner Anblick. Für die Beine jedoch ist die Insel schier unbezwingbar. Wir mussten in diesen zehn Tagen richtig an unsere Grenzen gehen, aber diese Erfahrung und die Erlebnisse, die wir in der Zeit machten, wollen wir auf keinen Fall missen!

Verlassene Traumstrände verzauberten uns auf Hawaii

95

Von Kihei ging es über die ehemalige Hauptstadt Lahaina auf der Nordostseite durch extrem enge Straßen (und mit eng meine ich wirklich eng) und kleine maui-typische Dörfer mit tollen Obstständen. Bei den tropischen Temperaturen waren wir froh über die kleinen warmen Regenschauer, die uns ein wenig Abkühlung verschafften. So schnell wie wir nass waren, wurden wir auch wieder trocken.

Verlockende Obststände wie diesen gab es viele

Dann ging es weiter über die windige Nordseite bei Paia bis zu der Road to Hana auf ihren 600 Kurven durch den Regenwald. Meistens waren wir in der sogenannten grünen Hölle im Schatten unterwegs, was das Fahren sehr angenehm machte. Unterwegs gab es süße Mangos vom Baum und dazu eine gigantische Aussicht.

Die Road to Hana bietet eine beeindruckende Aussicht

Kleine Wasserfälle wie dieser sorgen für die nötige Abkühlung

Auf dem Weg übernachteten wir an den wenigen Plätzen, für die wir keine Permit, also keine Genehmigung, benötigten. Die Übernachtungsmöglichkeiten sind auf Maui eher begrenzt und unsere Spontaneität war dort leider fehl am Platz. Für viele Campingplätze braucht man schon im Voraus eine Genehmigung, die man sich in Wailuku holen kann. Das Büro hatte aber so kurze Öffnungszeiten, dass wir es nicht rechtzeitig schafften, daher musste es irgendwie auch ohne Permit gehen. So blieb es jeden Tag spannend, wo wir eine Bleibe finden würden.

Bei den tropischen Seven Pools campten wir auf dem Kipahulu Campground, einem paradiesischen Platz direkt an den Klippen. Nachts zog ein kleiner Tropensturm auf, durch den unser Zelt ziemlich gefordert wurde. Aber es blieb standhaft und bewies uns, dass wir uns bei all der Auswahl für das richtige Zelt entschieden hatten.

Die fantastischen Seven Pools

Von Hana ging es weiter zur steinigen und kargen südlichen Seite der Insel und dann stellten wir uns der Aufgabe, den Vulkan zu besteigen.

Radeln über den Wolken

Dafür nahmen wir uns drei Tage Zeit und fuhren immer nur wenige Meilen pro Tag Richtung Vulkanspitze. Unterwegs konnten wir auf dem Hosmer Grove Campground übernachten, und einen großen Teil des Tages hieß es entspannen und Vögel und andere Tiere beobachten. Es war ein unbeschreiblich tolles Gefühl, nach der drei Tage langen Fahrt bergauf endlich an der Spitze des Vulkans Haleakala anzukommen. Die Vulkanspitze liegt auf einer Höhe von 10.000 Fuß und bietet einen gigantischen Ausblick nach allen Seiten. Bei guter Sicht sind auch die anderen Inseln Hawaiis gut sichtbar. Wir blieben eine ganze Weile auf dem Vulkan sitzen, denn wer möchte schon drei Tage hochstrampeln und dann gleich wieder runterfahren? Wir waren unglaublich stolz auf unsere Leistung, aber auch fix und fertig nach den Erlebnissen und Anstrengungen der letzten Tage.

Auf dem Gipfel des Vulkans Haleakala

Nach zahlreichen Freudentränen und einer gigantischen Aussicht über die Wolken von Hawaii hinweg ging es die 41 Meilen zurück nur noch bergab. In Paia im Rainbow Surf Hostel wartete noch ein Teil unseres Gepäcks auf uns, welches wir vor der Road of Hana aussortiert hatten.

Am nächsten Tag ging es Mathias gesundheitlich nicht gut. Unterwegs hatten wir an den Obstständen Mangos und Guaven gegessen, was vielleicht zu der Magen-Darmverstimmung geführt hatte. Und wir mussten ja an diesem Tag noch fliegen. Die Fahrräder mussten wieder umständlich in die Boxen verpackt und das ganze Gepäck eingetütet werden. Die Räder zu verpacken war immer eine nervige Sache und es dauerte auch immer ewig. Wir konnten nicht so einfach mit Rädern von A nach B fliegen, vor allem, wenn einem von uns speiübel war. Aber die Räder sollten uns ja in den nächsten Wochen noch heil begleiten und das stand für uns an oberster Stelle.

Als körperliche Wracks flogen wir nach Honolulu auf die hawaiianische Insel Oahu. Dort entschieden wir uns dafür, die Räder in der Box zu lassen und Oahu auf andere Weise zu erkunden. So ersparten wir uns den ganzen Bikeboxhickhack und gönnten unseren Körpern mal eine Pause. Bis jetzt waren wir trotz des anfänglichen kalten Wetters auf der Reise noch nie ernsthaft krank gewesen und so sollte es auch bleiben. Entspannung war angesagt.

Auf der Insel Oahu lagen wir superfaul am Waikiki Beach, gingen in der Hanauma Bay schnorcheln, machten eine Tour zu den Schildkröten an der Nordküste der Insel und besuchten Pearl Harbor. Durch eine Audiotour erfuhren wir mehr über die Geschichte von Pearl Harbor zur Zeit des Zweiten Weltkriegs. Der Angriff der Japaner 1941 auf die US-Pazifikflotte wurde im Museum sehr detailliert beschrieben. Das damals gesunkene Schiff, die USS Arizona samt Besatzung, wurde nie geborgen und liegt immer noch sichtbar als Gedenkstätte auf dem Grund von Pearl Harbor.

Weißer Strand in Honolulu am Waikiki Beach

Nach vier erholsamen Tagen ging es dann auch schon wieder ab zum Flughafen. Unser nächstes Reiseziel war Australien. Nach dem inoffiziellen Lebensmotto der Australier „no worries", machten wir uns auch ganz entspannt auf den Weg und kehrten Hawaii und somit auch den USA erstmal den Rücken.

Unsere Route auf Hawaii

Wailuku	27 km	Banana Bungalow
Kihei	26 km	Aston at the Maui Banyan
Lahaina	44 km	Last Resort (John)
Paia (Black Rock)	74 km/19 km	Rainbow Surf Hostel
Hana	78 km	Joe's Place
Kipahulu	19 km	Kipahulu Campground
Kula	66 km	Kula Sandal Woods
Haleakala	38 km	Hosmer Grove Campground
Paia	87 km	Rainbow Surf Hostel

Gesamt: **478 km**

Australien

Hauptstadt:	Canberra
Einwohnerzahl:	22.5 Mio.
Bevölkerungsdichte:	3 Einwohner pro km²
Währung:	Australischer Dollar
Sprache:	Englisch
Religion:	Christentum
Klima:	gemäßigt feucht im Südosten und Südwesten
	subtropischer Osten
	Zentrum und Westen sehr trocken
	tropischer Norden

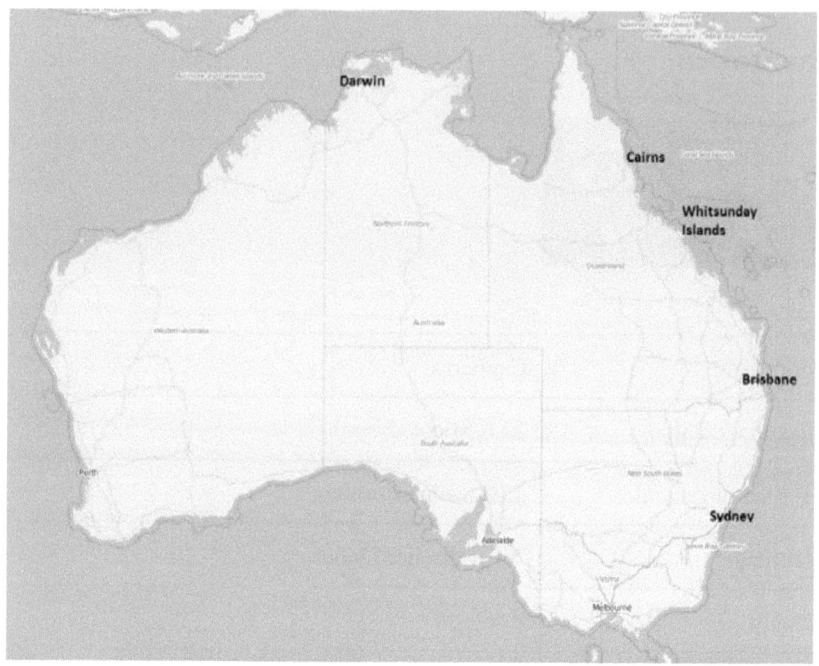

Startpunkt Sydney: Regen im australischen Winter

In <u>Sydney</u> angekommen, suchten wir uns eines der typischen Backpackerhostels und verbrachten die Tage mit Einkaufen, Relaxen und damit, durch die verschiedenen Stadtteile Sydneys zu spazieren. Katja hatte früher schon einmal Australien bereist und Sydney ist noch heute ihre absolute Traumstadt. In Australien war sehr vieles auf junge Backpacker ausgelegt und es war sehr leicht, Anschluss zu finden. Für uns war das eine echte Umstellung, da wir das Reisen allein und auf unsere ganz spezielle Art gewöhnt waren und nicht immer überall hinein passten. Im Gegensatz zu anderen Backpackern, die tagsüber arbeiteten und abends feiern gingen, erwarteten wir mehr vom Reisen. Doch Sydney hatte viel zu bieten und so konnten wir schon einige Tage in der Metropole verbringen, ohne dass Langeweile aufkam. Auch das jährliche Spektakel „Vivid of lights", bei dem Sydney in bunten Farben erstrahlt, durften wir noch miterleben. Verschiedenste Künstler erweckten das Opera House, die Harbour Bridge und viele weitere Gebäude rund um den Hafen in aufwändigen Projektionen zum Leben. Wir genossen dieses vielbesuchte Festival, bevor es an der Ostküste entlang Richtung Norden ging.

Es wurde Winter in Australien und für uns hieß das: Nix wie in den Norden! Am 26. Mai ging es nach zehn entspannten Tagen in Sydney die Ostküste des Landes hinauf. Nach einem Fahrrad-Rundumcheck waren wir zwar um 400 Dollar ärmer, aber um zwei blitzeblanke Räder reicher. In Sydney waren unsere Bikes das erste Mal beim Service. Wir ließen neue Ketten montieren und alles schön reinigen. Ansonsten gab es bis zu diesem Zeitpunkt recht wenige Verschleißteile. Erstaunlicherweise hielt sich das Profil der alten Reifen auch nach 6500 km noch wacker. Gewöhnen mussten wir uns nur noch an den Linksverkehr, aber das war auf dem Rad zum Glück leichter als mit dem Auto.

Nach der Empfehlung von einigen Leuten ging es mit dem Zug in Sydneys Vororte und von dort aus mit dem Rad wieder los. Wir fuhren im Landesinneren des Staats New South Wales durch das Hunter Valley. Hier im Wine Country waren die Weintouren umsonst und so konnten wir nicht widerstehen und machten Halt.

Die Monate zuvor hatten wir auf unserer Reise immer sehr viel Glück mit dem Wetter gehabt. Uns war schon bei der Reiseplanung klar gewesen, dass es im Süden Australiens bald nach unserer Ankunft Winter und somit kalt werden würde. Deshalb machten wir uns auf den Weg ins nördliche Australien, wo gerade Trockenzeit herrschte und angenehmere Temperaturen auf uns warteten. Im Land der Kängurus verdarb uns das Wetter allerdings ein wenig die gute Laune. Obwohl wir im australischen Winter eigentlich mit der Trockenzeit gerechnet hatten, kämpften wir uns einige Zeit durch Dauerregen.

Das Hunter Valley ist ein malerisches Weinbaugebiet

Weiter ging es Richtung Tamworth, dem „Australien Capital of Country Music" bis nach Armidale. Zwar war es tagsüber trotz Regen angenehm warm, aber nachts schon sehr frostig und nicht ganz so gemütlich im Zelt. Geplagt von Regen, Kälte und unendlichen langweiligen Kilometern durch die immer gleiche Landschaft, gönnten wir uns immer mal wieder ein Zugticket (wie auf dem Bild aus Singleton) und hofften, dass regenfreie Zonen weiter im Norden auf uns warteten.

Am Bahnhof Singleton fühlt man sich schnell alleine

Auf dem Waterfall Way fuhren wir von Armidale wieder zurück an die Küste nach Coffs Harbour. Wie der Name schon sagt, gab es viele Wasserfälle zu sehen, aber ebenso oft fiel das Wasser vom Himmel auf uns herab. Der nicht enden wollende Regen ließ uns den Spaß am Radfahren fast vollständig verlieren. Eine graue Regenwolke schien die ganze Zeit über uns zu schweben und im gleichen Tempo wie wir am Himmel entlang zu ziehen. Unsere Stimmung war im Keller und die schlechten Straßen trugen ihren Teil dazu bei. In Australien waren die Straßen sehr schmal und hatten keinen Randstreifen, auf den wir ausweichen konnten, wenn schnelle Autos und Trucks uns überholten. Gerade in solchen Momenten war es für uns wichtig, uns einzugestehen, dass wir nicht jeden Meter mit dem Rad fahren mussten, nur um uns zu beweisen, dass wir es konnten.

An Lunch-Pausen im Regen mussten wir uns gewöhnen

Australische Fauna in Queensland

An der State Line von New South Wales und Queensland

Von Coffs Harbour radelten wir weiter über Byron Bay bis zur Gold Coast. In Tweed Heads und Coolangatta kamen wir schließlich über die State Line nach Queensland und verließen somit New South Wales. Als wir nach Coolangatta kamen, fand zufällig gerade das Rock'n'Roll Oldtimer Festival statt. Dies ist Australiens größtes 50er- und 60er-Jahre Nostalgiefestival. Entlang der Promenade der Stadt präsentierten Australier aus dem ganzen Land ihre Oldtimer. Rock'n'Roll Musik und kleine Verkaufsstände trugen die Besucher in diese charakteristische Zeit zurück. Nach dem Blues der letzten Tage war das Festival eine willkommene Abwechslung für uns und es hörte sogar für wenige Stunden auf zu regnen. Entlang der Küste fuhren wir anschließend weiter bis nach Brisbane.

Wer hätte es gedacht, auch hier begleitete uns der Regen fast jeden Tag und wer denkt, Australien sei schön flach, hat sich leider getäuscht: Die Great Dividing Range, die fast einzige Berggruppe ganz Australiens, begleitete uns weiter in den Norden.

In Brisbane verbrachten wir ein paar angenehme Tage und besuchten viele australische Tiere im Lone Pine Koala Sanctuary.

Viele knuddelige Koalas gab es im Lone Pine Sanctuary!

In Reih und Glied!

In Brisbane trafen wir auch den ersten anderen Biker in Australien. Barry war 64 Jahre alt und fuhr mit seinem Rad Richtung Westen. Es gab also noch andere Spinner! Zufällig hatten wir das gleiche Zimmer im Hostel. Bei einem Bier und Salt-and-Vinegar-Pommes tauschten wir uns aus und gaben uns gegenseitig Tipps für die weitere Reise.

Allgemein gesehen war Australien superteuer. Australien übertraf in der Hinsicht sogar Hawaii, was für uns einen Monat zuvor noch unvorstellbar gewesen war. Australier verdienen dementsprechend gut, aber als Reisender überlegt man bei 17 Dollar für zwei Gläser Bier schon, ob man wirklich noch eines trinken will. Auch die Campingplätze und Hostels hatten stolze Preise. Der teuerste Platz kostete uns satte 48 australische Dollar, wohlgemerkt ohne Strom. Ein wenig billiger war dort nur ALDI. Ja, der deutsche ALDI war dort auch in manchen Städten vertreten und sah von innen wie außen genauso aus wie bei uns. Leider gab nach meinem etwas übertriebenen Freudeneinkauf mein Fahrradständer ächzend den Geist auf und musste recht lange auf ein paar neue Schrauben warten.

Da Australien sehr weitläufig ist und manche Dörfer hunderte Kilometer voneinander entfernt liegen, hatten wir in Australien lieber ein wenig mehr Essensvorräte in den Taschen. So konnten wir uns abends selbst etwas kochen, auch wenn kein Supermarkt mehr zu finden war.

Das Wetter hielt sich einigermaßen und wir brachen nach einem leckeren Eis von Brisbane auf zur Sunshine Coast. Diesmal gab es tatsächlich auch ein wenig Sonnenschein für uns. Wir hatten fast schon nicht mehr daran geglaubt! Auf recht guten Fahrradwegen kamen wir in Noosa an. Von dort aus ging es in das „Gagaju Bush Camp" am Noosa River. Wir nahmen an einer echten australischen Erlebnistour teil, mit Kajaken und Bushcamping. Schon in Sydney hatten wir über das Backpackerbüro „Wicked Travel" diese dreitägige Tour gebucht. Hier lernten wir eine supernette internationale Gruppe aus allen Ecken und Ländern kennen. Unsere Bikes warteten im Hostel, solange wir beim Rudern unseren Pudding in den Armen einmal auf Vordermann brachten. In einem kleinen Deutschland/Frankreich gegen England/Finnland Kajakrennen konnten wir uns sogar knapp behaupten!

Kajakfahren auf dem Noosa River ist zwar anstrengend, aber unvergesslich

Nach der Kajaktour ging es weiter Richtung Norden, zur Tin Can Bay. Hier konnten wir früh am Morgen Delfine beobachten und sogar selbst füttern. Seit einigen Jahren kommt ein wilder Delfin jeden Morgen an das Ufer des kleinen Hafens und lässt sich genüsslich von Touristen füttern. Hierbei wird streng darauf geachtet, dass niemand ihm zu viel gibt und jeder sich vor der Fütterung die Hände wäscht. Manchmal kommt es vor, dass das Männchen sein Lieblingsweibchen mit ans Ufer bringt und sich mit ihr die Fischhäppchen teilt.

An der Tin Can Bay beim Delfinfüttern

Schließlich ging es weiter Richtung Bundaberg. Der Weg oder vielmehr der Highway dorthin war für uns eine große Herausforderung. Diesmal waren es nicht die Steigungen oder der Wind, die uns zu schaffen machten. Zum einen war es der Regen, der uns bis auf die Knochen durchnässte. Mal wieder. Da half auch keine Regenkleidung mehr. Zum anderen war es der Bruce Highway selbst. Er war eng, es gab kaum Seitenstreifen und 110 km/h schnelle Trucks donnerten an uns vorbei.

Katastrophale Straßenverhältnisse auf dem Bruce Highway

Das Fahren machte hier absolut keinen Spaß und der ständige Regen, der auch für Australier in der Trockenzeit unverständlich war, schüttete nur so auf uns herunter. Allerdings gab es auch immer wieder Dinge, die uns aufmunterten, zum Beispiel kleine Orte wie Hervey Bay, in denen uns die Besitzer des Campingplatzes einige Sightseeing-Tipps mitgaben, oder Maryborough mit seinem altenglischen Charme, das auch Geburtsort von P. L. Travers ist, der Autorin von Mary Poppins. Auch die unzähligen bunten und trällernden Vögel, die an uns vorbei flogen oder abends in den Bäumen ihr Konzert spielten, taten unserer getrübten Stimmung richtig gut. Die Ginger Factory in Yandina schließlich, bei der wir uns mit Ingwerbonbons und Ingwerbier eindeckten, ließ uns den gewohnten Spaß am Radeln wiederfinden.

Unterwegs trafen wir viele Backpacker, mit denen wir lustige Abende verbrachten. Vor allem Larissa und Lukas, die wir bei der Kajaktour kennengelernt hatten, trafen wir noch einige Male wieder. Überraschenderweise hatten wir mit den Rädern und die beiden mit ihrem Omnibus ungefähr die gleiche Reisegeschwindigkeit.

Auf Roberts und Dylans Farm

Ein wichtiger Punkt auf unserer „Weltreise-To-Do-Liste" war es, auf einer echten australischen Farm zu arbeiten. Über eine Community namens HelpX nahmen wir direkt Kontakt zu einer Farm mitten im Baffle Creek in Queensland auf. Baffle Creek hat nur eine Handvoll Einwohner und liegt knapp südlich von Agnes Water. Und so fuhren wir kurzerhand von Bundaberg auf nach Euleilah bei Baffle Creek.

Hier leben und arbeiten Robert und Dylan, zwei lebensfrohe Hobbyfarmer mit reichlich Land (klein für australische Verhältnisse) und vielen Schweinen. Von kleinen, drei Wochen alten Ferkeln bis zum 250 kg schweren Eber Bruce war alles an Größe und Alter vertreten. Es gab natürlich auch Hühner, Gänse und Enten, aber der Fokus lag auf der Schweinezucht, wenn auch nur hobbymäßig. Dylan ist seit einem Fahrradunfall in seiner Kindheit an den Rollstuhl gebunden und sein Onkel Robert kümmert sich liebevoll um ihn. Gemeinsam haben sie sich mit der kleinen Farm einen Traum erfüllt.

Sogar das Ausmisten hat uns (Katja und Schweinen gleichermaßen) Spaß gemacht

Wir hatten eine tolle Zeit und wurden täglich mit drei Mahlzeiten von Robert verwöhnt. Jeden Tag bekamen wir andere kleine Jobs und so gehörte es zu unseren Aufgaben, täglich die Tiere zu füttern, auszumisten, den Rasen zu mähen, das Schlachthaus zu reinigen, einen Steg für den Teich zu bauen, Unkraut zu trimmen, Wäsche zu machen, das Farm-Fahrrad wieder fahrtauglich zu machen und noch einiges mehr. Dylan wies uns mit Geduld jeden Tag super ein. Außerdem genossen wir die nette Gesellschaft von Sam, Roberts und Dylans weißer Hündin, die wir sofort ins Herz schlossen.

Nach der Arbeit fuhren wir in das Urlaubsörtchen Town of 1770, gingen auf einen Abstecher an den Rules Beach oder auch mal angeln. Zwar waren wir erfolglos, wenn es um den Fang ging, aber es war trotzdem sehr nett. Die Tage auf der Farm vergingen viel zu schnell. Es blieben uns tolle Erinnerungen an Dylan, Robert, Sam, Bruce und die vielen Besucher während unseres Aufenthaltes.

Wir, Dylan und Robert mit „Puppy" Sam

Am 8. Juli verließen wir nach einer tollen, regenfreien, viel zu kurzen Woche die Farm von Dylan und Robert.

Surfen und ein Segeltörn zu den Whitsunday Islands

Passend zu unserer Weiterfahrt hatten wir wieder unseren treuen Begleiter, die Regenwolke, über uns gespannt. Unsere Regenkleidung hatten wir somit genug getestet: Die Regenjacke von CRAFT erfüllte ihren Zweck voll und ganz, was man von meiner Tchibo Billighose nicht behaupten kann. Aber vielleicht sind sechs Stunden Dauerregen auch ein wenig viel verlangt.

In Agnes Water hatte das Wetter ein wenig Erbarmen mit uns: Wir absolvierten unsere erste Surfstunde und nahmen uns fest vor, Profis zu werden.

Mathias' erste Surfversuche in Agnes Water

Bis nach Gladstone kämpften wir uns mit den Rädern durch, blieben dann aber wegen superstarkem Regen zwei weitere Tage in diesem superlahmen Kaff stecken. An solchen Tagen, an denen man durch höhere Gewalten ausgebremst wird, lernten wir, die Zeit zu nutzen und das Beste aus dem Tag zu machen. Einen genauen Zeitplan verfolgten wir ja schon lange nicht mehr. Trotzdem fuhren wir nach zwei Tagen des Wartens noch einen letzten Tag im Regen von Gladstone nach Rockhampton. Von da aus hatten wir einen Zug gebucht, den wir unbedingt bekommen wollten. Wir flitzten von Rockhampton mit dem Nachtzug nach Proserpine, weil es in Airlie Beach auf Segeltour gehen sollte. Den Ausstieg um 4:30 Uhr morgens schafften wir, unausgeschlafen wie wir waren, gerade noch so. Die Dame im Abteil sagte uns, wir sollten uns langsam fertig zum Ausstieg machen, doch gefühlte 30 Sekunden später waren wir schon da und es musste alles für diese frühe Zeit sehr schnell gehen.

Nach zwei Tagen, die wir für Shopping und Entspannung nutzten und einfach mal die Seele baumeln ließen, ging es von Airlie Beach aus los zu den Whitsunday Islands. Wie sich herausstellte, hatte so manche Lady an Bord gedacht, sie hätte eine Luxusyacht gebucht und war etwas irritiert über die kleinen Schlafkojen und die Mini-Nasszelle. Wir fanden unseren Kutter allerdings toll und hatten ein paar sehr schöne Tage, in denen wir sogar selbst die Segel hissen durften. Auch die Sonne begrüßte uns ab dem zweiten Tag, als wir den Whitehaven Beach besuchten.

Am Whitehaven Beach schwammen wir mit Neoprenanzügen – zum Schutz vor den Quallen

Am faszinierendsten waren allerdings die springenden Wale in der Ferne und der Schwarm Mantarochen, mit dem wir schwimmen durften. Irgendwie war das schon gruselig, aber auch unglaublich toll.

Schwimmen mit Mantarochen

Viel zu schnell war der Segeltörn vorüber und wir kehrten zurück nach Airlie Beach. Von dort aus begleitete uns eine unglaublich schöne Landschaft weiter in den Norden. Es wurde immer grüner und die Strecke blieb flach. So hätte es immer sein sollen!

Oft schlugen wir unser Zelt an sogenannten „driver surviver" Rastplätzen auf. Dies sind speziell ausgebaute Parkplätze mit Toiletten und teilweise sogar mit Kochnischen. Bei den weiten Strecken sollen sie verhindern, dass man übermüdet Auto fährt und deshalb eventuell einen Unfall verursacht. Mitten unter den parkenden Wohnwägen und Roadtrains stand dann für eine Nacht unser kleines Raumwunder, auch „Charlie the tent" genannt.

In Townsville kauften wir uns ein paar neue Hinterreifen. Schade nur, dass uns die Australier keine neuen Schwalbe Mäntel anbieten konnten, die uns schon um die 8000 km getragen hatten. Außerdem musste eine bessere Pumpe her. Mit unserer Minipumpe war es doch sehr mühsam, einen Reifen hart aufzupumpen. In Amerika hatten wir die Reifen immer an Tankstellen aufgepumpt, aber in Australien fanden wir Druckluft nur selten.

In Mission Beach machten wir noch einmal einen Tag Radpause und begaben uns auf die Suche nach dem Kasuar (Cassowary), dem größten nicht fliegenden Vogel Australiens. Auf unserem Rainforest Walk kam uns durch Zufall dann auch ein Exemplar ziemlich nah und jagte uns durch den Busch.

Unterwegs begegneten wir einem Cassowary – und ergriffen sogleich die Flucht!

Nach zwei weiteren tollen Radeltagen verließen wir unseren seit San Diego treuen Begleiter, den Pazifik. Lange 2.436 km auf dem Fahrrad und ca. 500 km Zugfahrt entlang der Ostküste waren gemeistert und wir waren in Cairns angekommen.

Von Cairns nach Darwin

Unsere letzten Momente an der Ostküste verbrachten wir in der Backpacker-Stadt Cairns und buchten einen Tagestrip zum Great Barrier Reef, um dort zu tauchen und zu schnorcheln. Wie schon beim letzten Bootstrip waren das Riff und die Unterwasserwelt unbeschreiblich toll und ein einmaliges Erlebnis.

Verschiedene Muscheln und Korallen, große und kleine Fische und Schildkröten strahlten in allen möglichen Farben und Formen. Wo wir auch hinsahen, entdeckten wir neues, wunderschönes Unterwasserleben.

Eine Tagestour führte uns an das Great Barrier Reef

Am nächsten Tag gab es zum Lunch noch einmal den für Australien typischen Fishermans Basket. Nachdem wir so viele schöne bunte Fische beim Tauchen gesehen hatten, ging ich davon aus, dass dafür keine Korallenfische verarbeitet wurden. Uns ging es wieder blendend, von fünf Wochen Dauerregen ließen wir uns nicht so schnell unterkriegen.

Für die letzten zwei Wochen in Australien sollte es nach Darwin ins Northern Territory gehen. Am liebsten wollten wir mit einem Boot, Schiff oder Frachter nach Singapur oder an einen anderen Ort in Asien übersetzen. Unsere Bemühungen waren bis dahin allerdings erfolglos und viele Australier gaben uns den Tipp, lieber direkt am Hafen in Darwin nachzufragen. Deshalb nahmen wir uns hierfür ein wenig mehr Zeit.

Am Nachmittag radelten wir zum Flughafen. Quantas Airways, die australische Fluggesellschaft, versicherte uns, dass wir Boxen für unsere Fahrräder dieses Mal am Flughafen kaufen könnten. Am Flughafen gab es dann aber nur eine Box. Kurzerhand verpackten wir das zweite Bike schön geschenkmäßig und ganz ohne Sorgen (oder „no worries", wie die Australier sagen) ging es nach Darwin. Wir lieben die australische Lässigkeit, an die wir uns mittlerweile gewöhnt hatten.

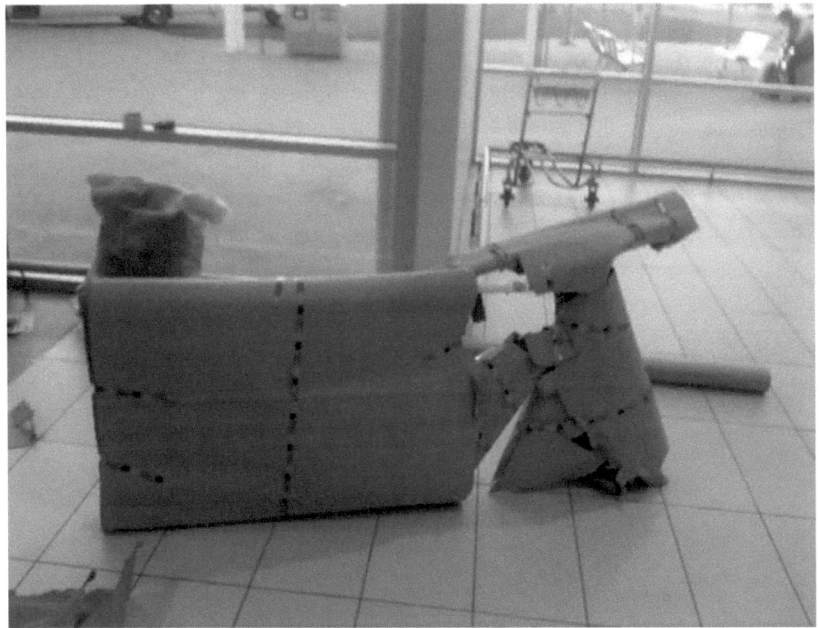

Unsere selbstgemachte Fahrradbox

In Darwin übernachteten wir erst einmal eine Nacht am Flughafen. Spontan wie immer wollten wir ein Hostel einen Tag vor unserem Abflug buchen, aber daraus wurde nichts. Darwin war wegen eines Pferderennens und wegen des Feiertags Picnic Day, der nur im Northern Territory gefeiert wird, komplett ausgebucht. Zum Glück hatte am nächsten Tag ein Campingplatz außerhalb der Stadt noch ein Plätzchen für uns frei, bevor wir einige Tage später in ein Hostel in der Innenstadt umziehen konnten.

Unsere Suche nach einer Überfahrt nach Asien verlief leider auch weiterhin nicht erfolgreich. Unser Traum wäre es gewesen, von Darwin aus bis nach Indonesien zu schippern. Ob in einer Nussschale oder auf einer Luxusyacht war uns ganz egal. Unsere Onlinesuche in den vergangenen Monaten hatte sich eher schwierig gestaltet und auch die Suche an den Häfen Darwins hatte leider nichts mehr ergeben. Dann musste es eben auf dem Luftweg gehen. Unser Visum lief auch langsam ab und somit mussten wir uns endlich entscheiden. Also buchten wir kurzerhand doch einen Flug nach Singapur.

Wir hatten noch ein paar entspannte Tage Zeit, in denen wir den Kakadu Nationalpark besuchten. Dafür gönnten wir uns den Luxus eines gemieteten Hightop Campervans, in dem sogar Mathias aufrecht stehen konnte. Auch die Räder fanden ohne das lästige Auseinanderbauen darin Platz. Es war eine schöne Abwechslung, einmal auf vier Rädern unterwegs zu sein und den Luxus eines Campervans zu genießen.

Ein Van namens Wanda

Neugierig auf die Kultur der Aborigines und den ersten Begegnungen mit Krokodilen in freier Wildbahn cruisten wir vier Tage lang durch den landschaftlich und kulturell sehr beeindruckenden Nationalpark.

Mithilfe der vom Besucherzentrum des Kakadu Nationalparks bereitgestellten Karte fuhren wir mit unserem Van interessante Orte an. Wir konnten uralte Malereien der Aborigines bestaunen, kleine Wanderungen durch die einmalige Natur unternehmen und spontan an geführten Touren teilnehmen. Im Park gab es die Möglichkeit, auf ausgewiesenen Plätzen sein Lager aufzuschlagen. Wir genossen drei malerische Nächte in völliger Stille unter dem klaren Sternenhimmel.

Im Kakadu National Park konnten wir Wandmalereien bestaunen

Auch den Litchfield Nationalpark wollten wir uns nicht entgehen lassen. Am 12. August, den wir zu Katjas Bestimmertag erklärt hatten, fuhren wir mit „Wallaroo Tours" einen Tag lang durch den Litchfield Nationalpark. Wir bestaunten meterhohe Termitenhügel, schwammen unter einem Wasserfall und

tranken Champagner zum Sonnenuntergang. Was diese Tour allerdings aus-
zeichnete, war die Krokodil-Tour. Wir schipperten mit einem kleinen Boot
über den Adelaide River. Angelockt durch ein Stück Fleisch an einer Angel
katapultierten sich die Tiere in unserer unmittelbaren Nähe über zwei Meter
aus dem Wasser heraus. Unser Tourguide Patrick erklärte uns viel und machte
diesen Tag durch seine angenehme Art zu einem unvergesslichen Erlebnis.

Bei der Tour im Litchfield Nationalpark sahen wir Krokodile hautnah!

Schon am nächsten Tag sollte es mit dem Flugzeug nach Singapur gehen. Vor
dem Flug mussten wir noch einiges organisieren, zum Beispiel noch ein Paket
nach Deutschland schicken und mal wieder Bikeboxen besorgen. Trotzdem
konnten wir es uns zeitlich noch leisten, eine Stunde an der öffentlichen Lagu-
ne in Darwin zu verbringen.

Mathias beim Bikebox-Transport zum Flughafen

Viel zu bald ging es mit den Boxen los zum Flughafen. Im Einchecken hatten wir ja bereits Routine. Wir verpackten also alles in die Boxen und Säcke wie immer. Als wir zum Schalter kamen und sagten, dass wir nach Singapur fliegen wollten, erwartete uns allerdings eine böse Überraschung. Offenbar darf nur nach Singapur einreisen, wer auch ein Ausreiseticket hat. Das wäre beispielsweise ein Busticket nach Malaysia oder irgendetwas, das den Leuten versichert, dass man Singapur wieder verlassen wird. Wir diskutierten gefühlte Ewigkeiten mit der Person am Schalter, die uns drohend darauf hinwies, dass der Schalter in wenigen Minuten schließen würde. Das Chaos war perfekt.

In letzter Minute buchten wir irgendein Busticket nach Kuala Lumpur, das wir sicher nicht nutzen würden, das war uns zu diesem Zeitpunkt aber relativ egal. Dann ging es durch die Kontrollen. Ich musste zusätzlich noch zum Sprengstofftest, der beim ersten Mal auch noch positiv ausfiel. Wahrscheinlich kam das daher, dass ich so geladen war. Manchmal kommt einfach alles zusammen.

Total gestresst stürmten wir eine Minute vor Abflug in das Flugzeug. Bye bye Australien! Asien wir kommen, aber sowas von!

Unsere Route durch Australien

Sydney	8 km	Big Hostel
Gosford (25 km Zug)	61 km	The Ashwood Motor Inn
Morriset	63 km	Lake Macquasie Village
Cessnock	63 km	Big 4
Singleton	52 km	Caracourt Caravan Park
Tamworth	Zug	YHA
Armidale	Zug (+12 km)	Armidale Tourist Park
Ebor	81 km	Wild Camping
Dorrigo	58 km	Dorrigo Heritage Hotel
Urunga	46 km	Camp Ground
Coffs Harbour	29 km	Clarks Camp Ground
Byron Bay	Bus	Clarks Beach Holiday Park
Pottsville	52 km	Tweed Coast Holiday Park
Coolangatta	35 km	YHA
Surfers Paradise	37 km	Main Beach Camp Ground
Brisbane	79 km	MT Gravat Motel
Brisbane Downtown	14 km	Banana Bender

Caboolture	64 km	Camp Ground Caboolture River
Yandina	76 km	Yandina Caravan Park
Noosa	40 km	YHA
Gympie	78 km	Rest Area Gympie
Tin Can Bay	60 km	King Fisher Caravan Park
Maryborough	77 km	Wallace Caravan Park
Hervey Bay	57 km	Beach Side Caravan Park
Childers	74 km	Avocado Morot Inn
Bundaberg	65 km	Finemore Caravan Park
Euleilah	82 km	Robert & Dylan (Schweinefarm)
Agnes Water	52 km	Agnes Water Beach View Park
Miriam Vale	59 km	Star Roadhouse
Gladstone	75 km	Gladstone Backpackers
Rockhampton	112 km	YHA
Prosepine	Zug	-
Airlie Beach	26 km	Nomads
Bowen	77 km	Bowen Palms Caravan Park
Home Hill	117 km	HomeHill Comfort Stop
Townsville	123 km	Globetrotters Backpackers Hostel

Rollingstone	66 km	BIG 4
Ingham	66 km	Palm Tree Caravan Resort
Bilyana	80 km	Driver Surviver
Mission Beach	73 km	Hideaway Holiday Village
Innisfail	59 km	Driver Surviver
Cairns	88 km	JJ's Backpacker Hostel

Gesamt: **2.436 km**

NORTHERN TERRYTORY (Wanda)

Haves Creek	200 km	BIG 4
Jim Jim Billabong	223 km	Jim Jim Billabong Camp Ground
Malabanjbanju	83 km	Malabanjbanju Camp Ground
Merl	71 km	Merl Camp Ground
Darwin	304 km	YHA
Allgemeines Biken	110 km	-

Gesamt: **991 km**

Asien

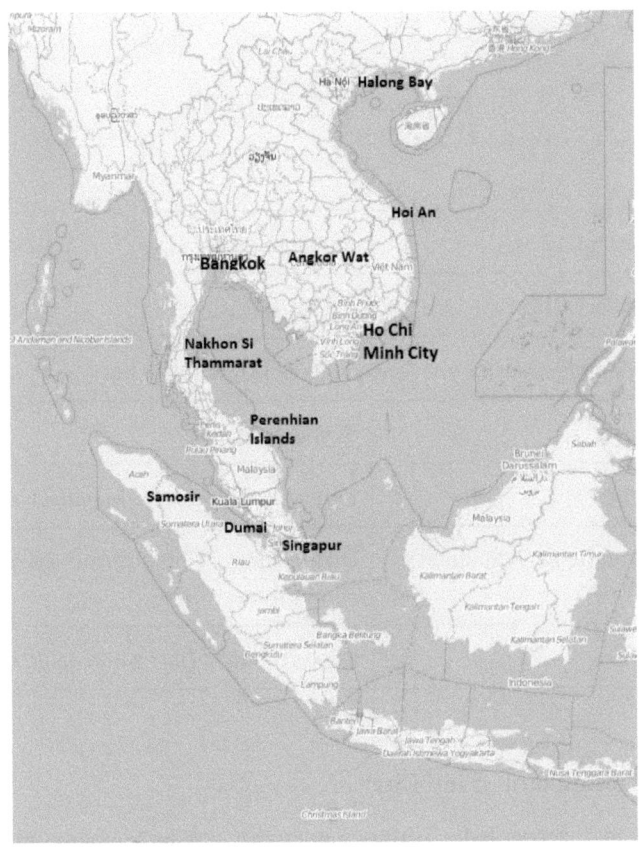

Singapur

Hauptstadt:	Singapur ist ein Insel- und Stadtstaat
Einwohnerzahl:	5.3 Mio
Bevölkerungsdichte:	7126 Einwohner pro km²
Währung:	Singapur Dollar
Sprache:	Englisch, Chinesisch, Malaiisch und Tamil
Religion (je nach Stadtteil):	Buddhismus, Christentum, Islam, Taoismus, Hinduismus
Klima:	tropisch-feucht (das ganze Jahre um 30°C)

Willkommen in „Fine City"

Trotz dem Stress beim Abflug kamen wir gut in <u>Singapur</u> an. Als wir den Flughafen verließen, schlug uns die Hitze wie eine Faust ins Gesicht. Abends checkten wir in unser erstes Hotel ein, das der Größe nach auch als Sardinen-dose durchgegangen wäre. Trotzdem fanden wir die Stadt unglaublich toll. In diesem Schmelztiegel der Kulturen begegneten uns Chinesen, Inder, Malaien und viele weitere Nationalitäten.

Eine Moschee im arabischen Viertel von Singapur

Darüber hinaus ist Singapur auch berüchtigt für seine strengen Regeln. Der Stadtstaat wird auch doppeldeutig „Fine City" genannt, was einerseits „Schöne Stadt" bedeuten kann, andererseits aber auch „Stadt der Geldstrafen". Vom Verbot des Kaugummiverkaufs bis zur Todesstrafe für Drogenschmuggel kann man hier skurrile Gesetze in jedem Härtegrad finden. Das war für uns so faszinierend und verwirrend zugleich, dass wir teilweise mit offenem Mund dastanden oder uns das Schmunzeln nicht verkneifen konnten. Während man schon mal 1000 Dollar berappen kann, wenn man bei Rot über die Straße geht, hört die Motorradpolizei lautstarke Backstreet Boys Songs an der Ampel. Da liegt die Schwelle zwischen krass und lustig sehr nahe beieinander.

Trotzdem gelang uns der Einstieg in den asiatischen Alltag erstaunlich gut. Die ersten zwei Nächte verbrachten wir in der Nähe des malaiischen Viertels. Die nette Rezeptionistin des Hotels steckte uns beim Zusammenbauen der Fahrräder heimlich Wasserflaschen und Kaffee zu (ohne sie uns wie vorgeschrieben in Rechnung zu stellen). Solche überragenden Nettigkeiten sind in Singapur keine Seltenheit! Ohne es zu wissen, waren wir mitten im malaiischen Neujahrsfest angekommen und erlebten zwei Wochen Silvesterparty auf asiatische Art. Es gab hunderte kleine Essensstände, man konnte Schmuck, Kleidung und Souvenirs kaufen und wir erlebten eine Perserteppichauktion, wie sie im Buche steht. In 30 Minuten (so lange mussten wir zusehen) wurden gut zehn Stück verkauft. Jeder Haushalt in Singapur scheint mindestens drei bis fünf solcher Teppiche zu besitzen. Und wir reden hier nicht von Ikealäufern, sondern von teuren handgewebten Seidenteppichen!

Weiter ging es nach Little India. Dieser Stadtteil ist das komplette Gegenteil vom eigentlich piekfeinen Singapur. An sich ist diese Gegend nicht direkt heruntergekommen, aber im Vergleich zum Rest der Stadt war es für uns schon ein großer Unterschied. Nur hier sahen wir Müll auf der Straße liegen, beschmierte Hauswände oder ab und an kaputte Türen und Fenster.

Im Hostel hatten wir uns dann für eine Roller-Citytour angemeldet. Eine solche Tour bietet Spaß vom Feinsten! Mit einer kleinen Gruppe von Rollerfahrern rasten wir durch die Straßen, ungeachtet der Einbahnstrecken, die wir in falscher Richtung entlangfuhren. Es ging durch Schleichwege im arabischen Distrikt und tatsächlich durch richtige Hotellobbys! Dabei fuhren wir mit dem höchsten Speed, den unsere Aluroller aufbringen konnten, um hechelnd mit unserem Guide Schritt zu halten, der ganz offenbar keine Angst um sein Leben kannte. Solltet ihr einmal die Chance dazu haben, müsst ihr das unbedingt auch ausprobieren!

Singapurs Skyline bei voller Rollergeschwindigkeit!

Ansonsten gab es für uns noch jede Menge zu tun: Sightseeing, leckeres Essen an jeder Ecke probieren und die weitere Planung unserer Reise. Außerdem mussten wir Karten, Ersatzteile für die Drahtesel und das Visum für Thailand besorgen. Für letzteres reichte ein einseitig ausgefüllter Antrag, ein Passbild und ein Ausreisenachweis oder 1000 Singapur-Dollar cash für jeden, allerdings hatten wir keines von beidem dabei. Im Nachhinein war aber auch das kein großes Problem. Nicht einmal fünf Minuten später waren wir mit allem durch und am nächsten Tag konnten wir unser Visum schon abholen. Wenn doch alles immer so einfach wäre!

Nach fünf Tagen in Singapur ging auch dieser Abschnitt der Reise viel zu schnell vorbei. Wir setzten anschließend mit einem schönen alten Holzkutter („Bumboat") nach Malaysia über.

Unser Kutter nach Malaysia

Diese Überfahrt war wieder einmal ein zugleich lustiges und merkwürdiges Erlebnis. Ein paar wenige Dollar hatten für die Mitfahrgelegenheit gereicht, die Bikes samt Gepäck hatten wir auf das Boot gehoben und mit ein paar erstaunten Blicken und schmunzelnden Gesichtern der Passanten ging es für uns ab ans andere Ufer.

Unsere Route durch Singapur

Malaisischer Distrikt	Taxi	Amrise Hotel
Indischer Distrikt	5 km	Inncrowd
Pengerang Hafen	36 km	

Gesamt: **41 km**

Malaysia

Hauptstadt:	Kuala Lumpur
Einwohnerzahl:	28.3 Mio.
Bevölkerungsdichte:	86 Einwohner pro km²
Währung:	Ringgit
Sprache:	Malaysisch
Religion:	Islam, Buddhismus (20%)
Klima:	immerfeuchtes, tropisches Klima (Apr.-Okt. Südwestmonsun und Okt.-Feb. Nordostmonsun)

Gastfreundschaft und Pantomime

Nach einer Stunde Bootsfahrt begrüßte uns die malaiische Grenzkontrolle mit lauter Musik von Eminem. Wir bekamen unsere Stempel und konnten sofort an Land gehen. So einfach kann es sein.

Was uns gleich als erstes traf, war die Sprachbarriere. Wir konnten nichts mehr lesen, was auf Schildern stand, aber daran würden wir uns gewöhnen. Eines unserer ersten Hotels zwang uns auch dazu, gewohnte Standards über Bord zu werfen. Statt Klopapier hing ein Schlauch an der Wand, Toiletten waren nur Löcher im Boden und der Abfluss am Waschbecken entsprach etwa unserer Vorstellung von einer Fußdusche. Vom Waschbecken platscht das Abwasser einfach direkt auf den Boden.

Andererseits sind die Menschen in Malaysia sehr freundlich, unglaublich freundlich sogar. Selbst in den kleinen Fischerdörfern an der südlichen Ostküste, wo wir uns nur mit Zeichensprache verständigen konnten, waren alle sehr hilfsbereit. Aufgefallen sind wir dort wie bunte Hunde. Wir sahen ja offensichtlich nicht nur anders aus, sondern hatten auch noch ein echt ulkig aussehendes Gefährt unter dem Hintern. Trotzdem waren die Malaien nie aufdringlich, aber stets interessiert, auch wenn Ihr Geografiewissen oft zu wünschen übrig ließ. Immer wieder ernteten wir Kommentare wie: „Ah, Germany, nice town!"

Ölpalmen ziehen sich die gesamte Küste von Malaysia entlang

Rauchen ist in Malaysia eine Art Volkssport. Das ist wahrscheinlich der Grund, warum in Flugzeugen immer noch auf das Rauchverbot hingewiesen wird. Die Menschen dort sind es nämlich gewohnt, Fähren, Züge und jede andere Art öffentlicher Räume zuzuqualmen und im Gegensatz zu Singapur wird der Kippenstummel genau wie jeder anderer Müll dort hingeworfen, wo er aus der Hand fällt.

Wir fuhren also die Ostküste der malaiischen Halbinsel hinauf. Die ersten Tage ging es durch alte Fischerdörfer ohne jeglichen Tourismus, wie zum Beispiel Sungai Rengit oder Sedili Kecil. Wegen der Hitze hielten wir oft mittags für zwei Stunden an und relaxten im Schatten am Wegesrand.

Im Schatten suchten wir Zuflucht vor der Mittagshitze

In Mersing entschieden wir spontan, auf die Insel Tioman zu fahren, was sich für uns als kleine Fehlentscheidung herausstellte. Wir kamen zum ersten Feiertag nach dem Ramadanmonat an. Das stark muslimisch geprägte Land feierte das Ende der einmonatigen Fastenzeit (Hari Raya Aidilfitri) mindestens drei

Tage lang. Die Hotels waren überfüllt, viele Läden aber geschlossen und durch die Touristenmassen blieb die malaiische Freundlichkeit auf der Strecke. Außerdem wurden wir ordentlich abgezockt, um die Räder auf der Fähre mitnehmen zu können. Aber letztendlich war uns das egal, wir machten das Beste daraus, blieben nur eine Nacht dort und fuhren weiter auf der bügelbrettflachen Straße Richtung Norden.

In Cherating angekommen, blieben wir einen Tag länger in unserer netten Holzhütte, auch genannt Chalet, obwohl uns die ortsansässigen Affen durch Mathias' Affenlautimitat gleich wieder aus ihrem Dorf haben wollten und uns aggressiv angriffen.

Immer mal wieder begegneten wir Affen

An der Ostküste gab es allgemein wenig Tourismus und so waren wir nicht selten Fotomodell für die Bewohner. Wenig Tourismus hieß jedoch auch, dass wir selten genau wussten, was im Essen war. Die kleinen Restaurants und Straßenstände waren auf lokale Besucher angewiesen und nicht auf den

Tourismus. Dadurch war alles sehr einfach und schlicht gehalten. Wenn ihr eine Lebensmittelallergie habt, werdet ihr auf einer Reise durch Asien nicht glücklich werden. Niemand kann euch genau sagen, was jetzt aufgetischt wird; außer natürlich, ihr seid der Sprache mächtig. Wir waren auf das Essen angewiesen, das es an jeder Ecke gab, und hätten im Zweifelsfall wohl kaum die Zutaten herausbekommen. Oft brodelte eine Suppe auch schon fertig in einem Topf und dann war sowieso nicht mehr auszumachen, was genau darin war.

Wieder einmal war es an der Zeit, unsere gesamte Wäsche zu waschen

Das Essen in Malaysia ist, sagen wir … interessant. Eigentlich wird alles mit Fleisch serviert. Dass man etwas ohne Tier bestellen möchte, ist für die

Gastgeber unverständlich und man bekommt immer noch ein wenig Huhn zur Bestellung, was sie als selbstverständliche Nettigkeit betrachten. Für so ungewollte Bestellungen muss man offen sein und eigentlich stets damit rechnen, dass das, was auf den Tisch kommt, eigentlich selten das ist, was man bestellt hat. Zum Großteil lag es natürlich an uns. Wir sprechen so gut wie kein Malaiisch und verfielen bei unserer Bestellung immer in wilde Pantomime. Oft riet uns die Bedienung, in die kleine Küche des Dorfrestaurants zu kommen. Dem Koch dann zu vermitteln, dass man beispielsweise kein Hühnchen möchte, ist eine Kunst für sich. Für Lacher hat es auf jeden Fall gesorgt. Getränke und Nachspeisen gab es in allen möglichen Erscheinungen und giftigen Farben und während wir mit der Schärfe im Essen schon mehr als gut bedient waren, gaben die Malaien voller Genuss noch eine ordentliche Portion Chilisoße zusätzlich darüber. Trotzdem konnten wir dort sehr gut essen und vor allem von den kleinen Essensständen auf den Nachtmärkten waren wir angetan. Wärmstens bekamen wir das Restaurant „Madonna" empfohlen, allerdings stellte sich dieses nach kurzer Suche als McDonalds heraus.

Am Abend machten wir mit „Hafiz's Cherating Activities" eine „Amazing Firefly Tour". Das ist eine wunderschöne Mangroven-Riverboat-Tour bei Nacht, wo wir tausende kleine Glühwürmchen aufblinken sahen. Guide Hafiz ist ein echtes Unikat und hätte nicht enthusiastischer sein können. Diese Tour ist genau wegen Hafiz ein absoluter Geheimtipp, den man sich auf keinen Fall entgehen lassen sollte!

Bevor es in den hohen Norden des Landes ging, flitzten wir mit dem Speed Boat noch auf die Perhentian Islands, wo wir ein paar fahrradfreie Schnorcheltage verbrachten. Bei der Essensbestellung verstand uns dort jeder.

Kristallklares Wasser erwartete uns auf den Perhentian Islands

Die Perhentian Islands sind wirklich das Paradies auf Erden mit ihrer schönen Unterwasserwelt, die zum Schnorcheln und Tauchen einlädt. Obwohl die Inseln zu den beliebtesten ganz Malaysias gehören, hatten wir in der extrem entspannten Atmosphäre immer unsere Ruhe. Die Inseln haben ihren ganz eigenen Charme. Sie sind weniger erschlossen als zum Beispiel Langkawi und es finden sich auch keinerlei große Hotelketten oder luxuriöse Unterkünfte. Es gibt auch keine Kraftfahrzeuge oder asphaltiere Straßen. Nur wenige Sand- und Schotterwege brachten uns von der einen Seite der Insel auf die andere. Das gesamte Resort ist eher schlicht ausgestattet, aber dennoch gemütlich gehalten. Dafür sorgen unter anderem die zahlreichen alten Chalets und das Korallenriff direkt vor der Haustür. Bisher hatten wir immer geglaubt, solch schneeweißer Sand und glasklares Wasser sei mit Photoshop bearbeitet worden. Die charmanten Cafés und Restaurants, in denen unglaublich leckerer Fisch serviert wurde, rundeten das Bild der ganzen Insel ab.

Genau aus diesen Gründen sind die Perhentians eine der meistbesuchten Inselgruppen in Malaysia. Zwischen Juli und August und zu Ostern ist hier Hochsaison und man sollte mit vielen Urlaubern rechnen. Da es wirklich nicht viele Unterkünfte auf den Inseln gibt, empfehlen wir euch, frühzeitig mit ausreichend Vorlaufzeit zu buchen.

Auf der Weiterfahrt nach unserem Inselbesuch verlor Mathias seine hintere Radtasche. Mathias kann sich bis heute nicht erklären, wie ihm das passieren konnte. Nach ein paar Kilometern merkten wir es schließlich und flitzten mit voller Kraft zurück. Drei Angler auf einer Brücke waren so nett gewesen, die Tasche von der Straße zu sammeln und erwarteten uns, wen wundert es, mit einem breiten Grinsen im Gesicht.

Vorfälle wie diesen kann man nur teilweise auf Glück zurückführen, denn die Ehrlichkeit und Hilfsbereitschaft der Menschen hier an der Ostküste ist überragend. Sich keine Gedanken darüber machen zu müssen, dass jemand uns schaden könnte, macht das Reisen sehr angenehm.

In Kota Bahru konnten wir im Kulturzentrum bei der faszinierenden malaiischen Kampfkunst Pencak Silat zuschauen und durften uns selbst an einer der hundert Kilo schweren Trommeln versuchen.

Wir sahen eine Vorführung der malaiischen Kampfkunst Pencak Silat

Nur 13 km von Kota Bharu entfernt liegt Tumpat. Diese Stadt war unser letzter Halt an der Ostküste und nur noch wenige Kilometer von der thailändischen Grenze entfernt. Auf der „Jungle Railway" sollte es von dort aus quer durchs Land wieder in den Süden gehen. Eigentlich hatten wir uns einen entspannten Tag im Zug vorgestellt, allerdings mussten wir auf der zwölfstündigen Fahrt ununterbrochenes Babygeschrei ertragen. Mit schwachen Nerven und dickem Schädel stiegen wir schließlich in Gemas aus. Fahrradfahren war so viel schöner!

12 Stunden verbrachten wir im Jungle Railway Train

Von Gemas ging es dann am nächsten Tag mit den Bikes in das schöne Mela-ka an die Westküste. Hier feierten wir, dass wir schon neun Monate auf dem Fahrrad unterwegs waren. Die Zeit verging viel zu schnell. Dabei hatte Asien für uns gerade erst richtig angefangen. Melaka ist die älteste Stadt in Malaysia und hat daher viel Historisches zu bieten. Der Hafen spielt nur noch für die lokale Schifffahrt eine kleine Rolle, da er für große internationale Schiffe nicht mehr tief genug ist. Melaka wird seit 2008 gemeinsam mit Georgetown von der UNESCO als Weltkulturerbe geführt. Außerdem kostet ein Kinobesuch so wenig, dass wir uns gleich an beiden Abenden, die wir dort verbrachten, einen Film angesehen haben.

Für Touristen scheint Malaysia im Vergleich zu den anderen Ländern in Süd-ostasien nicht so attraktiv zu sein. Eventuell liegt das daran, dass gerade die Ostküste nicht so vielfältig ist. Wir finden, Malaysia wird unterschätzt und ist auf jeden Fall einen Urlaub wert. Das Reisen ist einfach, das Wetter wundervoll, die Menschen extrem nett und nie aufdringlich. Kleine Hotels sind so günstig, dass wir in den zwei Wochen nur einmal unser Zelt auspackten. Auch für den Rest der Reise würden wir es wohl nicht mehr brauchen.

Am 07. September verließen wir Malaysia und bestiegen mit Sack und Pack die Fähre in Richtung Dumai auf Sumatra.

Unsere Route durch Malaysia

Sungai Renget	18 km	Tai Hoe Hotel
Sedili Besar	86 km	Jason Bay Beach Resort
Mersing	87 km	Omans Hostel
Tioman Island	11 km	Pesona Beach Resort
Kuala Rompin	31 km	Hotel Sri Rompin
Pekan	89 km	Pekan Budget Hotel
Kuantan	45 km	Hotel Seasons View
Cherating	46 km	Matahari
Dungun	94 km	Hotel IPM
Terengganu	81 km	Hotel YT Midtown
Merang	45 km	Kembara Resort
Kuala Besut	71 km	T'Lodge
Perhentian Island	Fähre	Senja Resort
Kota Bahru	66 km	Suria Hotel
Tumpat	29 km	Hostel Sri Terbak
Gemas	Zug	Hotel Tropicana
Melaka	84 km	Yellow Mansion

Gesamt: **883 km**

Indonesien, Sumatra

Hauptstadt:	Jakarta
Einwohnerzahl:	237.5 Mio (Sumatra: 50 Mio.)
Bevölkerungsdichte:	126 Einwohner pro km² (Sumatra: 106 Einwohner pro km²)
Währung:	Rupiah (IDR)
Sprache:	Indonesisch
Religion:	Islam (ca. 9% Christen)
Klima:	immerfeuchtes tropisches Klima (Luftfeuchtigkeit 95%)

Willkommen in Indonesien!

Unsere Fähre nach Dumai, Sumatra

Mit der Fähre setzten wir in nur etwas mehr als zwei Stunden von Malaysia nach Indonesien über. Die Einreisekontrolle war wieder eine kleine Erfahrung für sich. Unser Gepäck wurde rein theoretisch gescannt, doch der Zuständige vor dem Bildschirm schenkte lieber seinen Kollegen Aufmerksamkeit als uns. Der Stempel im Pass war also kein Problem. Da in Dumai eine Gruppe indonesischer Profischwimmer zu Gast war und entsprechend alle Hotels überfüllt waren, mussten wir eine unfreiwillige Stadtrundfahrt in Kauf nehmen, bevor wir ein kleines Hotel fanden, das uns dafür umso besser gefiel. In Dumai gab es unzählige Essensstände an jeder Ecke. Viele Restaurants stellten die einzelnen Gerichte in einer Glasvitrine aus. So konnten wir schon vor dem Hineingehen sehen, was es zu Essen gab. Sobald wir Platz nahmen, wurde uns ein gutes Dutzend kleiner Teller hingestellt. Jeder verputzte Teller wurde in Rechnung gestellt, der Rest landete wieder in der Vitrine für den nächsten Gast. Das war anfangs ein wenig merkwürdig, aber wir gewöhnten uns recht schnell an diese Art von Service.

Eine typisch indonesische Auswahl an Essen

Noch am selben Tag klopfte ein Englischlehrer der Stadt, Mr. Darul, an unsere Hotelzimmertür und fragte uns, ob wir nicht Lust hätten, seine Schule zu besuchen. Ohne eigentlich genau zu wissen, was uns erwartete, sagten wir zu. Wer kann schon von sich behaupten, eine muslimische Schulklasse auf Sumatra besucht zu haben?

Am nächsten Morgen holte uns Mr. Darul mit dem Auto ab. Was wir uns allerdings als kleine Erzählrunde im Klassenzimmer vorgestellt hatten, wurde zu einer riesigen Vorstellung vor der ganzen Schule. Wie von Mister Darul gewünscht, stellten wir uns vor, gingen kurz auf unsere Reise ein und erläuterten unser deutsches Schulsystem. Erst relativ schüchtern, aber mit der Zeit immer lockerer, kamen die Fragen der Kinder aus allen Richtungen. Am Ende mussten wir sogar etwas singen. Auf Sumatra liebt man Gesang und das Singen gehört bei den meisten zum Alltag. Das einzige deutsche Lied, das uns in dieser Situation einfiel, war „Alle meine Entchen". Nach etwa zehn Sekunden war das Lied vorbei und kurz darauf mussten wir vor so mancher Handykamera posieren.

Der Besuch der Schule von Dumai war ein unvergessliches Erlebnis

Noch am selben Tag fuhren wir mit dem Nachtbus nach Bukittinggi. Dass unsere Räder in dem Bus Platz fanden, war ein kleines Wunder. Das umständliche Einladen der Fahrräder war natürlich wieder ein Fest für alle neugierigen Indonesier. Aber sobald wir beide dann im Bus Platz genommen hatten, waren wir für alle normale Reisende. Innerhalb von fünf Minuten Busfahrt war der ganze Bus von Zigarettenqualm erfüllt. Diesen Zustand durften wir zwölf Stunden genießen. Am irritierendsten daran war, dass die Zigaretten nur angezündet wurden, um sie minutenlang ausbrennen zu lassen. Davon abgesehen waren wir froh, bei Nacht zu fahren, denn unsere Busrakete pfiff um die

Ecken, als würde es kein Morgen geben, und so mussten wir die waghalsigen Fahrmanöver zumindest nicht mitansehen.

Auf der Suche nach der größten Blume der Welt

Nachdem wir lebendig in Bukittinggi angekommen waren, ging es auf „Flower Tour". Dabei durften wir die Rafflesia bestaunen. Sie ist die größte Blume der Welt und wirkt fast schon wie eine Urzeitpflanze. Ihre Blüten messen bis zu einem Meter Durchmesser und werden einige Kilogramm schwer. In der gleichen Tour erfuhren wir auch von der Herstellung des bekannten Kaffee Luwak. Das sind Rohkaffeebohnen, die von einer speziellen Schleichkatzenart, dem sogenannten Fleckenmusang, gefressen und wieder ausgeschieden werden. Die Schleichkatzen leben frei im Dschungel von Sumatra in der Nähe der Kaffee- und Reisfarmen. Der Kot mit den unverdauten Kaffeebohnen wird von den Farmern in der freien Natur von Hand eingesammelt, gewaschen und getrocknet. Was dem Verbraucher also letztendlich zum Trinken serviert wird, sind leckere Katzenexkremente. Der Geschmack des „Kopi Luwak" ist mild und erdig.

Die Rafflesia ist die größte Blume der Welt!

Mit dem Rad ging es wieder weiter. Auf teils sehr schlechten Straßen überquerten wir den Äquator. Solche Straßen wären in Deutschland nicht einmal als Waldwege durchgegangen. Sehr schnell kamen wir in einen Bereich, wohin sich kaum noch ein Tourist verlief. Die ersten Dorfbewohner sahen uns verdutzt hinterher und grüßten freundlich. Mit leichtem Hunger kamen wir am Abend in einem kleinen Snackladen an. Als wir den Laden betraten, geriet die junge Besitzerin komplett aus dem Häuschen. Sie freute sich ein Loch in den Bauch, solche Kundschaft zu sehen, dabei wollten wir eigentlich nur einen kleinen Snack kaufen. Mit der größten Freude ihres Lebens verkaufte sie uns eine Packung Chips. Was da wohl noch auf uns zukommen würde? Die Strecke jedenfalls sollte nicht leichter werden.

Wir bemerkten immer wieder kleine Touristenbusse, die mit abgedunkelten Scheiben an uns vorbeifuhren. Offenbar legen viele Besucher von Sumatra Wert darauf, nicht von den Bewohnern erkannt zu werden. Doch so unauffällig die Busse sind, umso mehr stechen wir ins Auge. Wir fahren rein technisch gesehen mit einem Gefährt für arme Menschen. Fahrräder nutzen die Leute in Sumatra, die kein Geld haben. Wenn aber zwei Langnasen mit vollgepackten Fahrrädern, die eine blond und der andere so „riesig", durch abgeschiedene Dörfer fahren und sich Bergetappen hinaufquälen, dann könnte es auffälliger nicht mehr sein.

Auf dem Fahrrad überquerten wir den Gürtel der Erde

Auf der überfluteten Straße blieb auch noch Katjas Vorderrad stecken

Meterbreite Schlaglöcher oder stark überflutete Straßen sind auf Sumatra keine Ausnahme. Auch die Steigungen wurden für uns immer schwieriger zu meistern. Schwitzend und triefend kamen wir voran. Ständig wurden wir von alten Bussen überholt, die eine schwarze Abgaswolke ausstießen.

Die überladenen Busse quälten sich die Straßen hoch

Indonesische Gastfreundschaft

Aber was uns am meisten zu schaffen machte, waren die Indonesier selbst. Im Grunde waren alle immer nett und sehr hilfsbereit. Aber zwei Europäer wie wir konnten bei den indonesischen Dorfbewohnern helle Begeisterung auslösen. Es dauerte immer nur wenige Sekunden, bis wir im ganzen Dorf bekannt waren. Es folgte Gebrüll von allen Seiten, welches jeden Bewohner wissen ließ, dass es etwas zu sehen gab. Kinder hingen sich an Räder, Leute machten Fotos. Den ganzen Tag lang hörten wir immer und immer wieder Fragen wie: „Hello Mister, how are you?" Dafür brauchten wir Nerven aus Stahl. Selbst der Muezzin eines kleinen Dorfes, der die Bewohner gerade zum Gebet aufrief, trällerte ein „Hello Mister" durch sein Mikrofon.

Eine tolle Bekanntschaft ganz anderer Art machten wir an einem der vielen Tage, an denen es immer nur bergauf ging. Es war über 40°C heiß und auch nach hunderten zurückgelegten Höhenmetern schien der Anstieg kein Ende zu nehmen. Fix und fertig ließen wir uns an den Straßenrand fallen. Als wäre er vom Himmel gefallen, kam ein Pickup neben uns zum Stehen. Ich überlegte nicht lange und zeigte dem Fahrer auf unserer Karte, wohin wir wollten. Und ehe wir uns versahen, waren wir bei zwei fremden Indonesiern auf der Ladefläche des Pickups. Obwohl wir keine Art von verbaler Verständigung hatten, haben wir die halbe Fahrt über nur gelacht. Keiner verstand die Sprache des Anderen, aber irgendwie ging es dann doch.

Eine willkommene Mitfahrgelegenheit und eine der schönsten Begegnungen in Sumatra

Nach etwa 30 km kamen wir an einem kleinen Restaurant zum Stehen. Aus dem Häuschen, das aus Spanplatten zusammengenagelt war, traten vier junge Indonesier. Wir wurden mit großer Herzlichkeit empfangen und auf eine Nudelsuppe eingeladen. Durch die kurze Zeit in Malaysia und Indonesien konnten wir ein paar wenige Worte verstehen und so versuchten wir, uns mit Händen und wenigen Silben Indonesisch zu unterhalten. Die Leute dort hatten vorher noch nie Gangschaltungen an Fahrrädern gesehen. Es den Indonesiern vorzuführen und zu sehen, wie sie das Prinzip der Schaltung verstanden, war ein Erlebnis, das wir nie vergessen werden. Als das ganze Restaurant sich um unsere Karte versammelte, waren alle fasziniert, Sumatra zum ersten Mal im Detail auf Papier zu sehen. Die meisten fuhren zwischen den Dörfern hin und her und arbeiteten sonst den ganzen Tag auf dem Feld oder im Dorfrestaurant. Die wenigsten kannten die komplette Insel. Wir machten viele Fotos und bedankten uns für die nette Hilfe und Gastfreundschaft. Welch ein wundervoll spontanes Erlebnis!

Wegen der immer wiederkehrenden Steigungen und der physischen Anstrengungen jeden Tag gönnten wir uns ein Taxi, das uns mitsamt Fahrrad an die Spitze des Kessels brachte, in dem der Tobasee liegt. Die beiden Taxifahrer verdienten sich durch uns eine kleine goldene Nase und versuchten auch, uns ihr Essen bezahlen zu lassen. Ein simples Nein genügte aber, um sie davon abzubringen und die Indonesier nahmen uns das auch nicht krumm. Versuchen konnte man es ja einmal!

Der Kessel, in dem der Tobasee liegt, ist durch eine Eruption des Vulkans Toba vor 74.000 Jahren entstanden. Der Toba gehört zu den gefährlichsten Vulkanen unserer Erde, den sogenannten Supervulkanen. Nach einigen heftigen Erdbeben (2004) kamen Spekulationen auf, ob der Vulkan durch diese Beben wieder ausbrechen könnte. Jedoch gibt es derzeit noch keine Hinweise für einen unmittelbar bevorstehenden Ausbruch. Der damalige Ausbruch gilt als einer der größten Ausbrüche der vergangenen zwei Millionen Jahre. Schätzungen zufolge wurden 2.800 Kubikkilometer vulkanischen Materials bis in 80 km Höhe katapultiert und verteilten sich in der Atmosphäre. Später folgte dadurch eine Abkühlung des Weltklimas von 3 bis 5°C, die Jahrzehnte anhielt!

Typische Batakhäuser auf der Halbinsel Samosir

Mit den Rädern fuhren wir 21 km bergab und hatten einen gigantischen Ausblick auf die vulkanische Halbinsel Samosir. Beim schönen Lake Toba hatten wir genug Zeit, uns zu entspannen, unsere müden Knochen auszuruhen und mal nicht nur ans Radfahren zu denken. Überall auf der Halbinsel gibt es Wasserbüffel und Reisfelder zu sehen. Der kleine Ort Tuk Tuk war für uns der perfekte Ort, um uns auszuruhen.

Auf Samosir und im gesamten Norden Sumatras stehen sogenannte Batak-Häuser. Die Batak sind ein Volk, das seinen Ursprung auf der Insel hat. Die geschwungenen Dächer werden zu Ehren der Wasserbüffel so gebaut und repräsentieren die großen gebogenen Hörner. Batak bestatten ihre Verstorbenen in Ahnenhäusern, die ähnlich der eigenen Häuser mit dem markanten Dach verziert sind, oder in steinernen Grabmälern, den Tugu.

Ein eher skurriler Brauch wird alle drei Jahre im August auf der Insel durchgeführt. Bei dem Ritual werden die toten Familienmitglieder exhumiert und schick eingekleidet. Dann werden die verwesten Körper von allen Dorfbewohnern durch den Ort geführt. Die Trauer steht hier sicher nicht im Vordergrund.

Nach ein paar schönen und entspannten Tagen ging es für uns weiter mit dem Rad Richtung Medan. Mittlerweile beherrschten wir die einfache Sprache Indonesisch und das ähnliche Malaiisch recht gut und konnten uns damit ausreichend verständigen. Wenn wir im Restaurant unser Essen bestellten oder nach dem Weg fragten, ernteten wir dafür immer wieder erstaunte Blicke. Auch mit Englisch kamen wir recht weit, aber in vielen Fällen verstanden die Einheimischen kein Wort davon.

Im City Hotel von Pematang Siantar wurden wir etwas ungeduldig, da auf unserem Zimmer das Warmwasser nicht funktionierte. Es kam zwar ein Klempner, der auch eine ganze Weile an der Wasserleitung herumschraubte, doch als er fertig war, kam nur noch heißes Wasser aus dem Hahn. Der Unterschied zu Europa ist, dass in Sumatra anders mit solchen Problemen umgegangen wird. Wir wurden gefragt, ob wir nicht einfach ein teureres Zimmer nehmen wollten. Nach langer Diskussion bekamen wir dann doch ein Zimmer für den gleichen Preis, aber die Dusche war dort kaum besser.

Auf dem Weg nach Medan sahen wir wieder zahlreiche Rollerfahrer, die auf ihren Gefährten aberwitzige Mengen aller möglichen und unmöglichen Waren transportierten. Die Asiaten sind die unangefochtenen Meister des Überladens!

Rollertransporte wie dieser sind in Sumatra nicht ungewöhnlich

Einige Kilometer vor Medan bemerkte ich, dass mir ein wenig schlecht war. Wahrscheinlich hatte ich eines der Nahrungsmittel gegessen, von denen einem abgeraten wird. Wir hatten auf unser Essen nicht genau achtgegeben. Wir aßen, was alle anderen Bewohner auch aßen und bis dahin waren wir damit sehr gut gefahren. Eventuell musste sich auch mein Magen an den etwas anderen Speiseplan gewöhnen. Jedenfalls ging es mir immer schlechter. Nach einer guten Stunde kamen wir in Medan am Hotel an. Katja wartete bei den Fahrrädern und ich ging mit der Rezeptionistin, um mir unser Zimmer anzusehen. Im Zimmer wurde mir unendlich schlecht. Ich stürmte die Treppen nach unten und übergab mich vor den Eingang. Kurz darauf kam die Rezeptionistin aus dem Hotel, sah das Unglück und fragte unsicher: „Do you still take that room?" Ja, wir nahmen das Zimmer trotzdem. Einen Tag später allerdings wechselten wir peinlich berührt das Hotel.

Im neuen Hotel realisierten wir, dass die Fähre, die uns zurück nach Malaysia bringen sollte, abgeschafft worden war. Die günstigeren und schnelleren Flüge hatten das Fährgeschäft in Medan verdrängt und nur der veraltete Internetauftritt der Fährgesellschaft behauptete etwas anderes.

Für unsere letzten Tage auf Sumatra buchten wir einen Trip nach Bukit Lawang, einem kleinen Dorf, das für sein großes Orang-Utan Schutzgebiet bekannt ist. Wir verbrachten zwei Tage im Dschungel und hatten eine tolle Zeit an einem der letzten Orte der Welt, an dem noch wilde Orang-Utans leben. Diese wundervollen Tiere in freier Wildbahn zu beobachten, war ein unbeschreibliches, aber auch unvergessliches Erlebnis. Es ist eines der größten Highlights auf Sumatra. Im Dschungel machten wir nicht nur Bekanntschaft mit den Orang Utans, sondern auch mit vielen anderen kleinen Dschungelbewohnern, wie zum Beispiel einem gigantischen Tausendfüßler, der 2 cm breit und 20 cm lang war. Nach der Übernachtung im Urwald unter freiem Himmel ging es zurück ins Dorf. Den Weg legten wir auf abenteuerliche Weise zurück: als Wildwasserfahrt auf einem Traktorreifen!

Bukit Lawang ist durch die Orang-Utans ein beliebter Touristenort geworden. Durch den Tourismus kann einiges für die vom Aussterben bedrohten Affen getan werden. Verwaiste Babys können aufgepeppelt und später wieder ausgewildert werden. Andererseits sind die Affen durch die Menschen auch gefährdet. Eine menschliche Erkältung kann für einen Orang-Utan tödlich sein. So scheiden sich die Geister, wie gut es den Affen wirklich tut, dass wir Menschen sie im Dschungel besuchen. Würde man jedoch die Dschungeltouren verbieten, würden viele Bewohner des Dorfes verarmen, da alle vom Tourismus abhängig sind.

Für uns war es mittlerweile recht normal, mit spontanen Planänderungen umzugehen. Nach der Fährpleite buchten wir den Flug von Medan auf die Insel Penang. Nach einer sehr intensiven Zeit, in der wir viele liebenswerte Menschen kennengelernt und verdammt steile Straßen befahren hatten, verließen wir Sumatra und damit Indonesien.

Unsere Route durch Indonesien

Dumai	14 km	Wisata Hotel
Bukittingi	Bus + 8 km	Orchid Hotel
Lubuk Sikaping	78 km	Hotel Mawar
Panti	34 km	Penginapan Pard Omuan
Kotanopan	73 km	Arrayyan Hotel
Padang Sidempuan	113 km	Lancar Hotel
Tarutung	39 km	Bali Hotel
Pangururan	Taxi + 23 km	Asido Star Hotel
Tuk Tuk	43 km	Carolina Hotel
Pematang Siantar	49 km	City Hotel
Sei Rampah	53 km	Top Inn Hotel
Medan	70 km	Angels / Residence Hotel
Bukit Lawang	Bus	Rainforest Hotel
Georgetown	Flug	Star Lodge

Gesamt: **597 km**

Thailand

Hauptstadt:	Bangkok (von Thai ins Deutsche übersetzt „Stadt der Engel")
Einwohnerzahl:	69.5 Mio
Bevölkerungsdichte:	135 Einwohner pro km²
Währung:	Baht
Sprache:	Thai
Religion:	Theravada-Buddhismus
Klima:	tropisch-monsunal

Umweg über Malaysia

Nach den Anstrengungen in Sumatra bemerken wir in Georgetown wieder, wie einfach der Umgang mit Menschen in Malaysia war. Ihre ruhigere Art war für uns so angenehm, dass wir fast schon Angst hatten, nach Thailand zu fahren. Wir befürchteten, dass uns die Thailänder wie die Indonesier ständig verfolgen würden.

Aber noch waren wir in Malaysia und hier lernten wir eine Persönlichkeit kennen, wie man sie nicht alle Tage zu Gesicht bekommt. Vor unserem Hotel in Georgetown sahen wir einen buddhistischen Mönch in der typisch orangefarbenen Robe. Ziemlich untypisch allerdings waren seine riesige Körpergröße, die Tätowierungen auf seinem ganzen Körper und sein Verhalten: Ein Tourist hatte ihn fotografiert und der Mönch brüllte ihm aufgebracht hinterher, er sei kein (Zitat) „fucking clown". Toll, dass ein Mönch so direkt seine Meinung ausdrückte. Wir kamen mit ihm ins Gespräch und es stellte sich heraus, dass er netter war, als sein Aussehen vermuten ließ. Sein Name war Bruder Marc und er war ein reisender Mönch, der ursprünglich aus Amerika kam. Schließlich lieh er uns sogar sein Notebook, sodass wir endlich wieder unsere Fotos online absichern konnten. Mit blindem Vertrauen lieh er uns das Notebook auch über Nacht aus, was wir dankbar annahmen.

Von Penang in Malaysia fuhren wir mit der Fähre über die malaiische Insel Langkawi nach Satun in Thailand. Die Dame neben uns auf der Fähre manikürte ihre Fingernägel mit einem Teppichmesser und am Festland angekommen begrüßten uns zuallererst zwei Hunde, die am Hintern zusammengewachsen waren. Bei diesen ersten Eindrücken konnte das ja ein heiterer Aufenthalt werden … Sawadee Thailand!

Neue Sprache und neues Essen

Kaum hatten wir die Visakontrolle passiert, wurden wir von einem Tag auf den anderen zu Analphabeten. Die auf Thai geschriebenen Schilder ließen nicht einmal erahnen, ob es sich um ein Hotel, ein Restaurant oder Werbung für die Bürgermeisterwahlen handelte. Nicht selten irrten wir mehr als 30 Minuten durch die Stadt und fragten uns nach einer Schlafmöglichkeit durch. Hier und da bekamen wir spontan auch das Bett der befragten Person angeboten.

Beim Essen mussten wir erneut feststellen, dass nicht alles, was von außen lecker aussah, auch so gut schmeckte wie erwartet. Nur eins war sicher: Wenn man sich nicht in den Touristengebieten aufhielt, war das Essen höllenscharf. Wir kamen hier zum ersten Mal in den Genuss von Hühnerbeinsuppe, Heuschrecken und Maden. Die waren zwar nicht scharf, aber trotzdem nicht lecker. Zum Frühstück gab es immer Suppe. Dieses ewige Einerlei wurde schnell eine Probe für unseren verwöhnten Frühstücksgaumen. Vom Frühstück und der Schärfe der Gerichte mal abgesehen ist die thailändische Küche sehr abwechslungsreich mit viel frischem Obst und Gemüse. Die besten Gerichte, die es sich zu probieren lohnt, sind Phat Thai und Som Tam.

Phat Thai ist ein klassisches Nudelgericht und besteht überwiegend aus Reisbandnudeln mit Rührei, Bohnensprossen und kleinen getrockneten Krabben, Tofu und nach Wunsch Fleisch oder Meeresfrüchten. Hinzu kommen Erdnüsse und Limetten. Zusätzlich wird mit verschiedenen Gewürzen wie Chili und Fischsauce nachgewürzt.

Som Tam ist ein scharfes Papaya-Salatgericht, welches sich aus vier Geschmacksrichtungen der thailändischen Küche zusammensetzt. Die süße Papaya, saure Limonen, scharfe Chilischoten und salzige Fischsoße. Es gibt den Salat in verschiedensten Variationen und jede davon schmeckt unglaublich lecker, ist aber oft höllenscharf. Am besten kauft man diese Gerichte auf den Nachtmärkten oder an den kleinen Straßenständen, die es in ganz Thailand gibt.

Mathias gönnte sich eine (nicht wirklich) leckere Made am Spieß

Wir radelten von Satun Richtung Ostküste und dann immer weiter Richtung Norden und Bangkok. Irgendwo im Nirgendwo verklemmte sich das Schaltwerk von Mathias in den Speichen des Hinterrads und brach in zwei Teile. Zum Glück war nichts am Reifen kaputt gegangen und wir konnten uns mit unserem Kabelschloss bis zum nächsten Resort selbst abschleppen. Erst im Nachhinein fiel uns auf, wie leicht wir eine solche Panne inzwischen nahmen.

Wieder einmal hatten wir mehr Glück als Verstand. Knappe zwei Stunden später trafen wir im AO Thai Resort in Sathing Phra ein. Zufällig war der Resortbesitzer Mucki ein Auswanderer vom Bodensee. Er und sein ganzes Hotelteam waren super hilfsbereit und fuhren uns am nächsten Tag in die Stadt Songkhla, wo wir erstklassige Ersatzteile gleich eingebaut bekamen. Mucki sprach perfekt Thai und war somit Gold wert. Unser großes Glück zeigte sich auch dadurch, dass gerade in Songkhla eine Werkstatt war, die Shimano-Ersatzteile verkaufte. Die Reparatur eines solchen Fahrrads war in einer so abgelegenen Gegend eigentlich nicht möglich. Viele Menschen in Thailand sind zwar mit dem Fahrrad unterwegs, aber unsere Drahtesel waren natürlich zu speziell für die kleinen Radgeschäfte in den Dörfern. So verbrachten wir zwei ungeplante aber tolle Tage im paradiesischen Resort am Strand und genossen das bisher schönste Hotelzimmer unserer gesamten Reise. Unsere anfänglichen Befürchtungen gegenüber den Thailändern bestätigten sich im Allgemeinen nicht. Wir erlebten die Thais immer hilfsbereit, aber niemals aufdringlich.

Die Ostküste Thailands ist traumhaft schön und lässt sich sehr gut radeln. Entlang der Küste gibt es viele idyllische und kaum befahrene Strecken, und wenn man einer vielbefahrenen Straße folgt, gibt es breite Seitenstreifen.

Wir genossen die Fahrt über verlassene Wege an der Ostküste

Schattenspiel und Geisterhäuser

In Nakhon Si Thammarat besuchten wir den in Thailand bekannten Shadowplay Meister Khru Suchart Subsin. Das Schattenspiel hat in Thailand eine lange Tradition und gilt als hohe Kunst. Mister Suchart Subsin hat sein privates Haus zu einem kleinen „Shadow Puppetry Museum" umgebaut. Als wir im Museum ankamen, empfing uns seine Schwiegertochter und gab uns eine kleine Einführung in die Geschichte des Schattenspiels. Wir konnten uns die verschiedenen Puppenarten anschauen und Mister Suchart Subsin kurz persönlich kennenlernen. Ihm hatte sogar einst die Ehre gebührt, vor dem König Thailands sein Puppenspiel aufzuführen. Der König hatte ihm danach mehrfach dafür gedankt, dass er solch eine alte Volkskunst in der heutigen Zeit am Leben erhält. Die traditionellen Schattenfiguren werden aus den Häuten von Büffeln oder Rindern von Hand hergestellt. Wir durften die filigranen Puppen aus Rinderhaut anschauen und live bestaunen, wie sie von seinem Sohn in stundenlanger Präzisionsarbeit gemacht wurden.

Zuerst wird das Rohleder gründlich gewaschen und in der Sonne getrocknet. Die Oberfläche wird dann sehr dünn geschabt und in einer Kalklösung eingeweicht. Wiederholtes Trocknen und Einweichen stellt die gewünschte Stärke her. Aus den konservierten Häuten werden die Figuren geschnitten, nach traditionellen Regeln bemalt und mit Ornamenten versehen. Mit vielen unterschiedlichen Meißeln wird das Leder durchbrochen und behandelt.

Der Ursprung des Schattentheaters liegt im Fernen Osten. Aber wie so oft streiten sich die Wissenden, ob die Ursprünge in China, Indien oder Indonesien zu finden sind. Das Schattentheater ist die älteste Form der dramatischen Darstellung in Asien und wird auf sehr hohem Niveau gespielt.

Das mystische Schattenspiel ist Teil der thailändischen Kultur

Inzwischen war es Oktober, Regenzeit in Thailand, doch der Dauerregen blieb aus. Wenn es allerdings einmal regnete, waren wir innerhalb von zwei Minuten klatschnass. Länger dauerte ein Regenguss auch nicht und wir wurden schnell wieder trocken, doch kurz darauf wurden wir vom nächsten Schauer wieder durchnässt. Einen Triumph aber konnte uns das wechselhafte Wetter nicht verleiden: Wir knackten die lang ersehnte 10.000 km Marke!

10.000 km haben wir hinter uns und sind bockstolz!

In Sichon fanden wir das Hotel Ekman, das von dem finnisch-thailändischen Ehepaar Stephan und Anna betrieben wurde. Die beiden erklärten uns, was es mit den kleinen Häuschen auf sich hatte, die wir in vielen thailändischen Vorgärten gesehen hatten und die mit Räucherstäbchen, Blumenketten und manchmal sogar mit Lebensmitteln bestückt waren. Thailänder glauben, dass die Seelen ihrer Vorfahren allgegenwärtig sind. Beim Bau eines neuen Gebäudes verdrängen die Menschen damit die Geister von ihrem Grundstück und deren bisherigem Wohnort. Um die Seelen nicht zu verärgern, bekommen diese stattdessen ein eigenes kleines Haus, in dem sie leben können, damit sie nicht in den neuen Gebäuden spuken. Die Größe des Hauses hängt dabei von der Dimension des neuen Bauwerks ab. Die Ahnenhäuschen vor großen 5-Sterne-Hotels sind beispielsweise wesentlich größer als die vor einfachen Wohnungen. Die Geister müssen natürlich auch versorgt werden: Obst, Wasser und sogar Cola sind vor nahezu jedem Geisterwohnsitz zu finden. Oft sahen wir auch Süßigkeiten und Reis im Haus liegen, um die Geister zu besänftigen. Besonders wichtig sind auch Blumen oder Räucherstäbchen zur Ehrung der Ahnen.

In Chumphon hatten wir unsere erste Radeletappe in Thailand geschafft und flitzten mit der Fähre auf die Insel Ko Tao. Die Insel liegt im Golf von Thailand etwa 70 km östlich von Chumphon. Der Name Ko Tao (Schildkröteninsel) geht auf die vielen Schildkröten zurück, die vor langer Zeit die Gewässer besiedelten. Auf Ko Tao gab es eigentlich nur eine Hauptstraße. Sie führte vom nördlichen Ende der Insel über den Hauptort Mae Haad bis in den Süden.

Die tropische Insel Ko Tao weckte in uns alle Lebensgeister

Wir fanden schnell einen traumhaften Bungalow direkt an einem einsamen Privatstrand, gingen Schnorcheln und genossen unsere erste Ganzkörperthaimassage.

Bangkok – zwischen Tempeln und Boxlegenden

Wieder in Chumphon, holten wir unsere Räder ab, die wir im Hotel gelassen hatten und schon ging es mit dem Nachtzug nach Bangkok. Die Stadt erschlug uns ein wenig, aber wir radelten tapfer bis zu unserem Hotel in der Nähe der berühmten Khao San Road, mit ihren hunderten von Shops, Bars und Restaurants. Bangkok war brechend voll mit Menschen und man konnte alles kaufen, was einem in den Sinn kam. Wenn wir hier unsere Reise begonnen hätten, wären wir wahrscheinlich von den Massen an Menschen eingeschüchtert gewesen. Sumatra und unsere eingespielte Routine auf dem Rad hatten uns jedoch abgehärtet. Aber vielleicht konnte uns nach 10 Monaten Reise auch nichts mehr schockieren. Deshalb fanden wir die Stadt der Engel gar nicht so verrückt.

Unser Besuch des Grand Palace verschaffte mir eine überaus sexy Stoffhose (mit kitschigen Elefanten darauf), die meine Beine komplett verdeckte. In Thailand legt man sehr großen Wert auf ordentliches Benehmen und Aussehen, besonders von uns als Ausländern. Leider wissen das viele Touristen nicht oder nehmen diese kulturell bedingten Benimmregeln nicht ernst. Eine nicht zu eng anliegende lange Hose sollte man in Bangkok schon tragen, auch wenn es verdammt heiß ist. Ein ordentliches und nicht zu knappes Oberteil gehört auch zum guten Ton. Wenn möglich sollte ein Mann in Tempelanlagen Schuhe tragen. Bei Frauen dürfen es auch offene Schuhe sein. Ansonsten sind die Benimmregeln ähnlich wie bei uns in Deutschland. Mit einem Muskelshirt geht ja auch keiner in die Kirche.

Als kleine Übersicht die Benimm- und Kleiderordnung:

1. Shorts, kurze Röcke und enge Hosen dürfen nicht getragen werden

2. Schultern müssen bedeckt sein

3. Sandalen/Flip Flops sind bei Männern tabu

4. Buddha ist stets mit Respekt entgegenzutreten.

Der Grand Palace war vom Ende des 18. Jahrhunderts bis zur Mitte des 20. Jahrhunderts die offizielle Residenz der Könige von Thailand. Jeder, der Bangkok besucht, sollte die Paläste, Tempel und Herrenhäuser auf dem Gelände des Grand Palace sehen, um einen Eindruck vom Adel und der Architektur im Land zu erhalten. Der Grand Palace wird von vier Wänden mit einer Gesamtlänge von knapp zwei Kilometern umgeben. Er ist seit der Gründung Bangkoks als Hauptstadt Thailands das bedeutendste Symbol der thailändischen Königsfamilie. Heute jedoch wohnt die königliche Familie im Chitralada-Palast, der im Bezirk Dusit an der Rajawithi Road liegt. Der Grand Palace wird weiterhin für zeremonielle Zwecke verwendet. Jeder Tempel oder Palast ist mit sehr viel Gold aufwendig verziert. Bhumibol Adulyadej (Rama IX.) ist seit 1950 König und somit das am längsten amtierende Staatsoberhaupt der Welt. Er hat einen sehr hohen Stellenwert in der Gesellschaft und wird von allen Thailändern verehrt. Als wir durch Thailand fuhren, waren Portraits des Königs auf der Straße, auf öffentlichen Plätzen und in Hotels allgegenwärtig. Fast jeder Haushalt hat ein Bild des Königs an der Wand hängen und sein Gesicht schmückt jeden Geldschein.

Wir sahen den größten liegenden Buddha Thailands

Gerne wollte ich an einem Thaiboxtraining teilnehmen. Wir machten uns auf die Suche nach einer geeigneten Schule und wurden in einer wenig einladend aussehenden Gasse fündig. Nach längerem Überlegen entschied ich mich trotz mulmigem Gefühl, beim Training mitzumachen. Meine Befürchtungen waren aber unbegründet. Die Trainer waren hervorragend und schwitzend lernte ich die ersten Kniffe des Thaiboxens. Nach dem Training fragte ich, ob es eine Möglichkeit gab, sich einen echten Kampf anzusehen. Wie sich herausstellte, wollte der Trainer sowieso zu einem Kampf gehen, der an diesem Tag im Ratchadamnoen Stadion stattfinden sollte, und er lud mich ein, ihn zu begleiten. Gesagt, getan, denn an diesem Tag standen zehn Kämpfe, davon vier Titelkämpfe auf dem Programm.

Im Stadion angekommen kämpften wir uns durch die Menschenmassen. Mein Trainer schob mich in den Eingangsbereich und zeigte auf die erste Reihe. Noch war das ganze Stadion leer! Ich setzte mich perplex auf einen der zwei reservierten Plätze und war leicht mit der Situation überfordert. Nach einer Weile kam er zu mir und ich fragte ihn, warum wir jetzt vor allen anderen in die erste Reihe durften. Er zeigt mir ein Bild an der Stadionwand, das ihn selbst in jungen Jahren darstellte. Jetzt erst realisierte ich, dass er ein bekannter Ex-Weltmeister im Muay Thai Kickboxen war. Sein Name war Kreing Kai und ich hatte keine Ahnung gehabt, dass ich die ganze Zeit neben einer Thaibox-Legende gesessen hatte.

Kämpfe finden in Bangkok jeden Tag im Wechsel zwischen dem Lumpini Stadion und dem Ratchadamnoen Stadion statt. Für jeden Kampfsportbegeisterten ist ein solcher Kampf ein unbedingtes Muss.

Thaiboxen ist ein blutiger Sport

Während unserer Zeit in Bangkok besuchten wir außerdem das chinesische Vegetarierfestival in Chinatown und machten eine traditionelle Dinnerfahrt auf dem Fluss Chao Phaya, der durch Bangkok fließt. Auf der zweistündigen Fahrt lauschten wir thailändischer Musik, während wir unser Drei-Gänge-Menü genossen. Schauspieler führten klassische thailändische Tänze vor und sorgten für Unterhaltung.

Auf nach Kambodscha!

Bevor wir Bangkok verließen, ließen wir noch einen Bike Check machen; gute Anlaufstellen dafür gibt es in dieser Stadt genügend. Die Mechaniker leisteten sehr gute Arbeit und wechselten unter anderem die Kette und die Kassette, sodass Hermann und Martina wie neu über den Asphalt surrten.

Bei der Planung für die letzten Etappen unserer Reise war uns klar geworden, dass wir Indien wohl auf unsere nächste Reise verschieben mussten. Da es für

185

Indien noch kein „Visa on arrival" gab, hätte es zwei Wochen gedauert, das Visum in Bangkok zu erhalten. Deshalb entschieden wir uns, in unseren letzten zwei Reisemonaten durch Kambodscha, Vietnam und Laos zu radeln. Von dessen Hauptstadt Vientiane sollte es dann wieder nach Thailand und mit dem Zug zurück nach Bangkok gehen. Aber Indien holen wir sicher irgendwann einmal nach!

Schließlich verließen wir Bangkok in Richtung Kambodscha. Die letzten Tage in Thailand waren heißer denn je, weshalb wir in der täglichen Mittagshitze immer mindestens zwei Stunden Pause machten. 48°C waren dabei an der Tagesordnung und der Schweiß auf der Haut wurde zum Dauerzustand. Je näher wir der Grenze zu Kambodscha kamen, desto dünner wurde das Verkehrsaufkommen. So wünschten wir uns das!

Immer wieder legten wir kurze Pausen ein, um der Mittagshitze zu entgehen

Unterwegs in der Provinz Nakhon Nayok landeten wir ganz spontan in einem gigantischen Volksfest mit unzähligen Ständen und einer großen Ansammlung hinduistischer Götterstatuen. Das religiöse Fest war in keinem Reiseführer zu finden und war wahrscheinlich auch nicht für den Tourismus bestimmt. Die beeindruckendste Statue war unserer Meinung nach die des riesigen pinken Hindugottes Ganesha, der als Gott des Erfolges gilt. Er symbolisiert das Prinzip der Reinkarnation und den Kreislauf des Lebens, des Todes und der Wiedergeburt. Ganesha hat den Kopf eines Elefanten und verfügt über vier Arme. In der einen Hand hält er seinen abgebrochenen Stoßzahn, in einer anderen eine seilähnliche Schlinge und in einer wieder anderen eine Lotusblüte. Vor der Gottheit sitzt eine kleine Maus. Man behauptet, dass sie Ganesha bei der Verständigung mit seinem Gefolge behilflich war, weshalb viele Gläubige auch heute noch der kleinen Maus ihre Wünsche und Bedürfnisse an den Elefantengott ins Ohr flüstern.

Der Elefantengott Ganesha symbolisiert Reichtum und Erfolg

Die kleine Maus überbringt die Wünsche der Menschen an Ganesha

Kurz vor Kambodscha radelten wir an einer Müllhalde vorbei, auf der wahrscheinlich der Abfall ganz Thailands deponiert wurde. Solche Anblicke waren in Südostasien leider keine Seltenheit. Auch viele Flüsse waren mit Plastik- und Papiermüll verschmutzt und Abfall lag überall am Straßenrand herum.

In Aranyaprathet an der Grenze zu Kambodscha gab es einen gigantischen Markt (Rong Glua) mit Kleidung, Souvenirs und gefälschten Accessoires. Es war die Hölle los, denn unzählige Menschen waren hier im Kaufrausch. Mit seiner Größe erinnerte der Grenzmarkt eher an eine riesige Einkaufspassage in freier Natur. Auf dem Markt handeln täglich etwa 10.000 Menschen. Viele kommen aus Kambodscha hierher, um ihre Waren zu verkaufen. Meist sind die angebotenen Waren zu einem weit billigeren Preis erhältlich als in anderen beliebten Touristenorten des Landes. Hier fanden wir ein großes Moskitonetz, das uns vor Malaria und Ungeziefer schützen sollte.

Nach unserer bisherigen Erfahrung konnten wir nun unsere vier Grundregeln für eine Reise durch Asien aufstellen:

1. Zögert niemals beim Überqueren einer Straße. Selbst bei einer sechsspurigen Straße fahren alle um euch herum.

2. Wenn ihr nach dem Weg fragt, glaubt nicht dem Ersten und eventuell auch nicht dem Zweiten.

3. Schaut niemals unter den Kopfkissenbezug, wenn ihr noch auf dem Kissen schlafen möchtet.

4. Selbst ein Fernseher mit 300 Sendern könnte kein Programm auf Englisch haben.

Unsere Route durch Thailand

Satun	10 km	Pinnacle Wangmai Hotel
Rattaphum	71 km	Thai Motel
Sathing Phra	63 km	AO Thai Resort
Hua Sai	86 km	Hua Sai Guest House
Nakon Si Thammarat	62 km	Kiat Nakhon Motel
Sichon	66 km	Ekman Garden Resort
Surat Thani	83 km	Tapee Hotel
Chaiya	56 km	Udomlap Hotel
Ban Pak Nam	90 km	99 Bay Resort
Chumphon	98 km	Suriya Hotel
Bangkok	22 km + Zug	New Siam 2 / Rainforest Guest House
Chachoengsao	60 km	Ban Be Resort
Phanom Sarakham	51 km	Panom City Hotel
Sakaeo	87 km	Phimnara Resort
Aranyaprathet	54 km	Market Motel

Gesamt: **959 km**

Kambodscha

Hauptstadt:	Phnom Penh
Einwohnerzahl:	14 Mio.
Bevölkerungsdichte:	76 Einwohner pro km²
Währung:	Riel (KHR)
Sprache:	Khmer (in Touristengebieten Englisch und vereinzelt Französisch)
Religion:	Theravada-Buddhismus
Klima:	Monsunklima (Südwestmonsun Mai-Sep./Okt.)

Erste Eindrücke

Schließlich kamen wir am Grenzübergang von Poipet an. Dort bekamen wir ohne große Probleme unser Visum, allerdings schockierte es uns, wie unbekümmert die Grenzpolizei ihre Korruption zur Schau stellte. Für unser Visum verlangten sie jeweils 1000 statt den vorgeschriebenen 800 Baht. Die restlichen 200 Baht steckten sie ohne Skrupel in die eigene Tasche. Die Prozedur wiederholte sich im Minutentakt und ohne Einwände anderer Touristen. Aber auch uns war das erst einmal egal, wir waren auf der anderen Seite der Grenze angekommen. Beim Losstrampeln machten wir auch gleich den ersten Fehler:

Nach Monaten waren wir den altbekannten Rechtsverkehr nicht mehr gewohnt und wären fast auf die falsche Seite abgedriftet.

Der imposante Grenzübergang hieß uns in Kambodscha willkommen

Der Unterschied zu Thailand war auf Anhieb zu sehen. Die Armut begann nach wenigen Metern. Meterhohe beladene Karren wurden von Manneskraft gezogen. Wir sahen Holzkutschen und alte Fahrräder. Im Vergleich dazu sahen wir mit unseren Fahrrädern aus wie Porschefahrer.

Auf den Feuchtwiesen fallen Wasserbüffel wie dieser kaum auf

Nach den ersten Kilometern wurde der Verkehr erheblich dünner und die staubigen Straßenläden wichen Reisfeldern. Der überfüllte Grenzübergang wurde zu einer einsamen Feldstraße.

Trotzdem war die Straße in gutem Zustand. Alles war super asphaltiert und es gab breite Seitenstreifen. Die Menschen, die uns am Straßenrand begegneten, waren freundlich und schienen immer zu lachen, obwohl man meinen könnte, die Bewohner von Kambodscha hätten wenig zum Lachen. Die traurige Vergangenheit und die Spuren der Khmer Rogue, die etwa zwei Millionen Tote gefordert hat, waren noch überall sichtbar. Das Land ist sehr arm und es liegen immer noch Millionen von Minen im gesamten Land vergraben. Die Hauptverkehrswege sind allerdings von Minen frei geräumt. Wir mussten es uns hier nur verkneifen, uns zwischendurch in den Büschen zu erleichtern. Kambodschas Landschaft ist weit und flach und so fuhren wir recht schnell auf einer wirklich schönen Radstrecke bis nach Siem Reap.

Eigentlich gibt es in Kambodscha nur zwei wichtige Hauptstraßen, die von Westen nach Osten führen. Die Route 5, die nördlich über dem Tonle Sap See entlang führt und die Route 6, die südlich davon verläuft. Beide Straßen sind sicher, flach und frei von Tretminen. Eine Karte ist für weite Teile gar nicht notwendig, da man immer geradeaus fährt.

Bayon Tempelanlage in Angkor

In Siem Reap angekommen, sahen wir uns die unvergesslichen Tempel von Angkor an. Dort konnten wir uns für eine Pauschale ein privates Tuk-Tuk buchen, das uns den ganzen Tag herumfuhr. Unser Fahrer hieß Somnang und zeigte uns routiniert, aber ein wenig schüchtern das Angkor-Gelände. Wir hatten Glück und Somnang wurde für uns zu einem Freund. Die Stimmung war locker und wir unterhielten uns, als würden wir uns schon länger kennen. Man kann natürlich mit seinem Fahrer Pech haben, aber eine Fahrt mit dem Tuk-Tuk können wir wirklich weiterempfehlen. Bei der Größe der Anlage ist das fast schon ein Muss.

Zwei volle Tage verbrachten wir in und um die Tempelanlagen. Uns faszinierten die Steinformationen der Bayon. Die neben dem Angkor Wat wohl bekannteste Tempelanlage ist vor allem wegen seiner Türme mit meterhohen aus Stein gemeißelten, lächelnden Gesichtern berühmt.

Ta Prohm war unser kleines Tempel-Highlight. Die Natur hatte sich im Laufe der Jahre ihren Platz zurückerkämpft und Baumwurzeln schienen die alte Tempelanlage geradewegs einzunehmen. Das war schon beeindruckend ... und auch deshalb toll, weil Angelina Jolie bei den Dreharbeiten zu „Tomb Raider" hier gewesen war.

Die Tempelanlage Ta Prohm ist von der Natur zurückerobert worden

195

Außerdem möchten wir eine einmalige Massage erwähnen, die wir in Siem Reap bekommen haben. Es erwarten euch keine flauschigen Handtücher und Rosenblätter, denn dieser Ort ist sehr schlicht. „Seeing Hands" nennt sich der kleine Laden in einer unauffälligen Gasse. Die Masseure sind alle blind und wurden von professionellen Massagetherapeuten aus Japan ausgebildet. Sie wissen genau was sie tun und die Blindenmassage bleibt für uns ein einzigartiges Erlebnis.

Ein weiteres Highlight war das schwimmende Dorf am Tonle Sap Lake. Mit dem Tuk-Tuk fuhren wir eine halbe Stunde von Siem Reap zum See und anschließend mit einem kleinen Boot durch das schwimmende Dorf Kompong Phlok. Es war unglaublich interessant, zu sehen, wie sich das gesamte Leben auf dem See abspielte. Schulen, Geschäfte und Restaurants auf dem Wasser waren hier absolut normal. Mit Somnang verbrachten wir hier den Tag und teilten uns die typische Khmer-Fischsuppe.

Tonle Sap – in diesem schwimmenden Dorf spielt sich das ganze Leben auf dem Wasser ab

196

Unser nächstes Ziel war Kampong Cham. Die meisten Touristen reduzieren einen Besuch in Kambodscha auf die Angkor Tempel bei Siem Reap und Phnom Penh. Man sieht dort sicher die bekanntesten Sehenswürdigkeiten, aber nicht das Land und die Menschen. Die großen Touristengebiete verschleiern die harte Feldarbeit und die eigentliche Lebensfreude der Khmers, die Kambodscha für uns so sehr ausmacht. Je ärmer die Menschen waren, desto freundlicher wurden wir empfangen.

Unterwegs trafen wir zwei Mädels aus Spanien, die sich entschieden hatten, mit ihren Rädern querfeldein zu fahren. Wir frühstückten gemeinsam und tauschten Erfahrungen von Kambodscha aus. Sie hatten eine beschwerliche Zeit gehabt, weil die Wege so anstrengend und verschlammt waren. Für den Rest der Strecke wollten die beiden mit dem Bus weiterfahren. Wären sie allerdings auf den Hauptstraßen gefahren, hätten sie sicherlich viele einmalige Begegnungen mit den Khmers verpasst.

Oft sahen wir Reisbauern mit Ochsengespannen

197

Der Abschnitt bis zum Mekong brachte uns viele tolle Eindrücke. Steinmetze, Fischer und Schweinetransporte arbeiteten dort, wie es bei uns wahrscheinlich vor etwa 100 Jahren war.

Eines Abends kamen wir von einem örtlichen Restaurant zurück zu unserem Guest House. Die beiden Besitzer saßen draußen und häuteten eine Schlange. Stolz zeigten sie uns ihr kleines Gästebuch. Es war immer wieder schön, mit ein paar Einwohnern von Kambodscha zu reden. Da die meisten recht flüssig Englisch sprachen, war es uns möglich, uns im Land zu verständigen. Wir wurden für den nächsten Morgen eingeladen, uns die kleine Tempelanlage im Dorf anzuschauen. Solche Gelegenheiten, die immer ein einprägendes Erlebnis mit sich brachten, ließen wir uns selten entgehen.

Am Morgen packten wir unsere Sachen und fuhren mit den Fahrrädern gemeinsam in Richtung Tempelanlage. Wir wurden von Dorfkindern und dem Tempelwächter empfangen. Katja mit ihren blonden Haaren zog in Asien ständig Blicke auf sich, so auch jetzt. Plötzlich fingen alle an zu singen. Es ist schwer zu beschreiben, aber es war wunderschön, genau in diesem Moment dort zu sein. Der alte Steintempel und die vielen lachenden Kinder machten das ganze Bild unvergesslich. Der Tempelwächter war um die 80 Jahre alt, braun gebrannt, sehr dünn und hatte silberne kurze Haare. Er begrüßte mich sehr herzlich und empfing mich mit einer Ausstrahlung, an die ich mich auch heute noch gut erinnern kann. Katja nahm er mit respektvollem Abstand zur Kenntnis, scheute aber eine persönliche Begrüßung. Wir hatten inzwischen gelernt, dass buddhistische Mönche (vielleicht auch Tempelwächter) den Kontakt mit Frauen meiden, da es sie an ihrer Selbstfindung (Erleuchtung) hindert. Es gibt nur drei Ausnahmen, wann ein Mönch eine Frau anfassen darf:

1. Es ist seine Mutter,

2. es sind seine Kinder

3. oder eine Frau braucht Hilfe.

Viel zu früh mussten wir wieder aufbrechen. Der Besitzer des Gasthauses war auch gleichzeitig Lehrer des Dorfes und zum Abschied spendierten wir der Schule Zeichenstifte und Papier. Auch für den Erhalt der Tempelanlage spendeten wir dem Tempelwächter ein paar Dollar.

Auf unserem Weg lernten wir neue kulinarische Eigenheiten kennen. In Skuon, dem sogenannten „Spiderville" gab es für uns frittierte Spinnen zu Mittag. Während die Beine ein wenig wie Hühnchen in Chili eingelegt schmeckten, trauten wir uns nicht, den dicken Hintern der Spinne zu essen. Laut den Einheimischen enthält das Hinterteil eine Art braunen Schleim, der vielleicht nicht jedem schmeckt. Als Hauptgerichte weit verbreitet ist Fischsuppe, auch wenn in der Suppe nicht viel Fisch ist, da die armen Verhältnisse es nicht zulassen. Eigentlich besteht die Suppe hauptsächlich aus Wasser, Gewürzen, irgendeinem grünen Gemüse und leichtem Fischgeschmack. Dennoch war es ein Gericht, das wir zwei Wochen lang täglich zu uns nahmen. Wovon wir kulinarisch lieber die Finger ließen, war das tote Embryo-Küken aus dem Ei. Wie wir gehört hatten, gilt ein angebrütetes Ei in Kambodscha und Vietnam als absolute Delikatesse. Das dunkle Fleisch soll scharf bis salzig schmecken und anscheinend potenzsteigernd wirken. Na dann, guten Appetit.

In „Spiderville" aßen wir Vogelspinne im Baguette

In Kampong Cham angekommen, mussten wir leider feststellen, dass es keine offizielle Bootsverbindung auf den Mekong bis in die Hauptstadt mehr gab. Ein wenig enttäuscht tauschten wir die idyllische Mekongfahrt gegen eine holprige Busfahrt.

Die dunkle Geschichte Kambodschas

In Phnom Penh besuchten wir das ehemalige Gefängnis S21, das heutige Tuol Sleng Museum. Die Roten Khmer schickten damals die Bewohner von Phnom Penh zum Arbeiten auf die Felder und nutzten die Hochschule der Stadt als Gefängnis. Die Schule wurde zur Folterstätte umfunktioniert. Schon im Voraus wussten wir, dass der Besuch des Museums eine beklemmende Wirkung haben würde. Von außen machte das Gelände einen spärlichen Eindruck und mit den vielen Touristen an jeder Ecke war es schwer vorstellbar, dass hier vor wenigen Jahren grausam gefoltert und getötet wurde. Die damalige Zeit bestand für diese Menschen nur aus Furcht, Folter und viel harter, undankbarer Arbeit. In den ehemaligen Klassenzimmern sahen wir uns tragische Geschichten der Gefangenen an. Die unzähligen Fotografien mit den starren Gesichtern der Gefangenen fanden wir im gesamten Museum. In anderen Zimmern präsentierten sich Folterräume mit Gitterbetten und einer alten Autobatterie für Elektroschocks und andere makabere Foltermethoden.

Von wahrscheinlich 20.000 Opfern überlebten in diesem Gefängnis lediglich 7. Einige Klassenzimmer waren überfüllte Massenlager, in denen die Menschen aneinander gekettet wurden. Niemand durfte einen Ton sagen und selbst beim Flüstern drohten Elektroschocks und harte Prügel. Andere Zimmer wurden mit Backsteinen in minimale Einzelzellen umfunktioniert, in denen ein ausgewachsener Mann sich nicht ausstrecken konnte. Eine Hand voll Reis und ein Schluck Wasser waren alles, was es am Tag zu essen gab. Da sehr viele Menschen die Zeit der Khmer Rouge nicht überlebten, ist der heutige Altersdurchschnitt der Bevölkerung Kambodschas sehr niedrig. Dieser Besuch hinterließ einen bleibenden Eindruck bei uns.

Mitten in der Stadt steht der Palast des Königs. Eine große Menschenmenge umgab zur Zeit unseres Besuchs den Eingang des Gebäudes, da wenige Tage zuvor der Vater des Königs gestorben war. Das ganze Land trauerte und das

Volk strömte zu tausenden in die Hauptstadt, um bei seiner öffentlichen Verbrennung Abschied zu nehmen.

Vor dem beleuchteten Königspalast trauern die Menschen um den Vater des Königs

Wir ließen anschließend das Touristendasein hinter uns und begaben uns zu der Organisation „Choice Cambodia". Der Verein betreibt mit einer Partnerorganisation in Deutschland eine Schule für von Armut betroffene Kinder. Außerdem werden ältere Kinder in einer Ausbildungseinrichtung als Näherinnen oder Bürokräfte ausgebildet. Alle Spendengelder fließen nachweislich zu 100 Prozent nach Kambodscha und werden dort ausschließlich für die Kinder eingesetzt. Wer gerne weitere Informationen hätte oder spenden möchte, kann sich auf der offiziellen Seite der Organisation Choice Cambodia oder auf der deutschen Seite Choice Family Cambodia informieren.

Wir halfen dabei, in extrem armen Dörfern Trinkwasser auszugeben und verteilten Kleidung und Spielzeug. Die Dankbarkeit und Freundlichkeit war auch hier wieder größer, als man sich vorstellen kann. Wir hatten eine sehr interessante und schöne Zeit mit den Menschen des Dorfes und den Helfern der Organisation.

Was in Kampong Cham nicht geklappt hatte, nutzten wir in Phnom Penh und fuhren mit dem Speedboot auf dem Mekong nach Vietnam. Es war ein schöner Abschluss für unsere Reise durch Kambodscha, ein Land, das durchweg Spaß macht und in das wir sicher wieder zurückkommen werden.

Unsere Route durch Kambodscha

Sisophon	55 km	Golden Crown Hotel
Siem Reap	109 km	Golden Banana Hotel
Angkor Wat	33 km	-
Kampong Kdei	64 km	Maibo Guest House
Kampong Thom	89 km	Arunras Hotel
Tang Do Village	75 km	Tangkok Guest House
Kampong Cham	78 km	Mekong Hotel
Phnom Penh	Bus + 8 km	Lazy Gecko Guest House

Gesamt: **478 km**

Vietnam

Hauptstadt:	Hanoi
Einwohnerzahl:	91,5 Mio.
Bevölkerungsdichte:	280 Einwohner pro km²
Währung:	Đồng (VND)
Sprache:	Vietnamesisch
Religion:	Eine große Mehrheit sind Atheisten (nach Schätzungen 80%), ca. 20 Mio. Buddhisten und 6 Mio. Katholiken
Klima Südvietnam:	tropisch (Regenzeit zwischen Mai – Okt.) (kühl im Nov. – Jan.)
Klima Nordvietnam:	gemäßigt tropisches Wechselklima (kühl Nov. – April)

Ho Chi Minh City – Die chaotischste Stadt der Welt

Mit dem Boot ging es also über die Grenze nach Qua Doc und hinein nach Vietnam. Begleitet von der Sonne und vom Mekong fuhren wir durch den schönen Süden des Landes Richtung Ho Chi Minh City, der früheren Stadt

Saigon. Der Verkehr hielt sich in Grenzen und in den vielen Hängemattencafés ließ es sich aushalten.

Typisch vietnamesisches Hängemattencafé

Eine von zahlreichen Holzbrücken am Mekong-Delta

Weil von der Grenze bis zum Mekong-Delta quasi alles vom Mekong und seinen Flusszuläufen umgeben ist, fuhren wir über unzählige mehr oder weniger gut erhaltene Brücken und auch zweimal mit der Fähre. In diesen Situationen entstanden immer witzige Hand- und Fußgespräche mit den Vietnamesen. Eine längere Flussüberquerung jedoch führte zu einem einmaligen Erlebnis. Wir schoben unsere Fahrräder auf die Fähre und waren wieder einmal Augencircus für alle. Kurze Zeit später rief mir ein Mann zu, der zwei Etagen über uns stand. Ich ging zu ihm ins Fährhaus und der Mann stellte mich dem Kapitän vor. Der Kapitän fragte mich, wie viele Frauen und Kinder ich hätte. Von anderen Ländern wusste ich, dass viele Frauen und Kinder Anerkennung bringen und somit antwortete ich, dass ich vier Frauen und neun Kinder hätte. Diese wohl richtige Antwort führte dazu, dass ich die Fähre steuern durfte. Und wenn mich ein Vietnamese auf dem Mekong fragt, ob ich eine voll besetzte Fähre steuern möchte, dann sage ich natürlich nicht Nein.

Schon die Fahrt am verschmutzten Fluss entlang nach Ho Chi Minh City ließ nichts Gutes erahnen. In den vietnamesischen Großstädten war es oft sehr schmutzig und es herrschte absolutes Verkehrschaos. Eine der ersten Auffälligkeiten war, dass in Vietnam Helmpflicht bestand und es sehr stylische Helme und Mundschutze in allen Arten und Farben gab. Der Führerschein allerdings wurde mit so einem schicken Helm nicht geliefert. Niemand, der noch nie in Vietnam gewesen ist, kann von sich behaupten, zu wissen, wie das absolute Verkehrschaos aussieht. Gegen das Straßenverhalten der Vietnamesen war der Verkehr in Thailand geradezu eine Kinderspielstraße. Ohne jegliche Regeln brausten hunderte Mopeds durch die Stadt. Die Hupen zerrissen einem das Trommelfell und um nicht umgefahren zu werden, ist es oft die beste Lösung, sich von der Straße einfach in den Acker zu retten.

Eine durchschnittliche Menge Mopedfahrer wartet an der Ampel auf Grün

In Ho Chi Minh angekommen, sahen wir uns das War Remnants Museum an. Früher auch unter dem Namen „American War Crimes" bekannt, wurde in diesem Museum ein einseitiges Bild vom Vietnamkrieg gezeigt. Hier waren wir wirklich froh, keine Amerikaner zu sein.

Schuld an diesem Krieg waren angeblich ausschließlich die Amis, und das fehlgeleitete Südvietnam konnte sich glücklich schätzen, dass das kommunistische Nordvietnam mit seinen glorreichen Bewohnern sich dazu entschloss, die Landesgenossen zu befreien. Irgendwelche Anzeichen für die Kriegsverbrechen des nordvietnamesischen Militärs oder die finanzielle Unterstützung durch die Sowjetunion gab es dort nicht. Auch die Thematik, ob Südvietnam, dem es nach der Teilung des Landes wesentlich besser gegangen war, überhaupt „gerettet" werden wollte, wurde nicht behandelt. Dafür gab es an den Wänden dutzende Propaganda-Plakate und eine große Sammlung von Bomben und Hubschraubern.

Auf eindringliche Weise wurden die Opfer des Krieges offenbart und auch die verheerenden Spätfolgen von „Agent Orange" und anderen amerikanischen Gräueltaten wurden aufgezeigt. Man sollte sich darauf einstellen, denn die Fotos sind sehr explizit.

Das War Remnants Museum gehört bei einem Besuch in Ho Chi Minh City ganz oben auf die Liste, solange man sich an der einseitigen Dokumentation des Krieges nicht sonderlich stört.

Als krönenden Abschluss unseres Aufenthalts in Saigon begaben wir uns noch in das „Golden Dragon Water Puppet" Theater. Diese traditionelle vietnamesische Kunstform verbindet Volkssagen mit Live-Musik und im Pool herumplanschenden ca. 50 cm großen Puppen. Man muss es sich wie ein einfaches Puppentheater auf dem Wasser vorstellen, in dem nicht gesprochen wird. Die Show wird untermalt mit traditioneller Musik und viel Witz. Wir können den Spaß nur empfehlen!

Wasserpuppe vor dem Eingang des „Golden Dragon Water Puppet" Theaters

In Vietnam aßen wir in vielen kleinen Straßenrestaurants, in denen wir uns vorkamen wie in der Puppenstube. Die Tische dort waren kaum kniehoch und wir saßen auf winzigen Hockern aus Plastik. Für uns hochgewachsene Deutsche war das schon eine Herausforderung!

Straßenimbisse haben in Vietnam Miniaturformat

An dieser Stelle sollten wir den ausgezeichneten vietnamesischen Kaffee erwähnen. Der Kaffee hat ein ausgeprägtes Aroma, welches durch die einzigartige Zubereitung und die Zugabe von süßer Kondensmilch erreicht wird. Im ganzen Land lässt er sich an jedem noch so kleinen Stand genießen. Das geriebene Kaffeepulver (20-30 Gramm) wird in einen speziellen Metallfilter gegeben, welcher auf einem Blechbehälter sitzt. Die Vietnamesen bevorzugen ihren „Ca-Phe Sua Da" in einem großen Glas randvoll mit Eiswürfeln und einem großen Schluck gezuckerter Kondensmilch (2-3 Esslöffel). Der Filter wird dann mit kochendem Wasser übergossen, und der Kaffee läuft langsam in das Glas. Nach fünf Minuten wird das Ganze verrührt und so erhält man den extrem lecker süßen „Ca-Phe Sua Da". Ein Must Do in Vietnam!

Es geht Richtung Norden

Nun verließen wir Ho Chi Minh City. Für die Strecke von dort an die Küste nach Nha Trang buchten wir die billigste Holzklasse im Zug. Naja, Holz ist hart und nach 30 Minuten Zugfahrt machte sich der Allerwerteste bemerkbar. Nur uns schien es so zu gehen. Die durchaus von uns amüsierten Vietnamesen machten es sich auf den Holzpritschen gemütlich. Zu dritt saßen sie zwischen den Vierersitzen auf dem Boden. Klimaanlage oder irgendeine Art von Luftzirkulation? Fehlanzeige. Uns gegenüber, auch köstlich von uns amüsiert, saß eine ältere Dame. Sie grinste uns mit ihrem vom Alter gekennzeichneten Gesicht fröhlich an und bemerkte unsere Tüte Nüsse. Katja bot natürlich ein Handvoll an und Oma griff kräftig zu. Nach den ersten Kauversuchen spuckte sie die Nuss lächelnd aus und reichte sie uns zurück. Ohne Zähne war es doch eher schlecht, in eine Nuss zu beißen. Immer noch hatten wir acht Stunden Fahrt vor uns.

In Nha Trang war der Schock dann plötzlich groß. Wir waren da, aber die Räder glänzten durch Abwesenheit. Nach langer Diskussion und Minuten voller Ahnungslosigkeit stellte sich heraus, dass unsere Räder mit dem nächsten Zug kommen würden und wir sie am Morgen abholen konnten.

Von Nha Trang ging es dann die Küste entlang durch nette kleine Dörfer, über Bergpässe und an schönen Stränden entlang. Teilweise galt es einige schweißtreibende Höhenmeter zu überwinden. Wir genossen die wunderschöne Aussicht auf die Küste, freuten uns aber auch über die Talfahrten. Mittags gönnten wir uns eigentlich täglich den schon erwähnten Eiskaffee. Während wir morgens und mittags eigentlich immer Nudelsuppe aßen, kamen wir abends in den Genuss von Eggrolls und Dumplings, die es an den Straßenständen frisch zubereitet gab. Leckere Snacks für unterwegs gab es auf jeden Fall reichlich. Von Seepferdchen-Crackern bis zu eingelegter Echse im Glas war alles dabei. Je verrückter euer Geschmack ist, desto wahrscheinlicher werdet ihr abwechslungsreiche Kost für eure Gaumen finden.

Unsere Lieblingsschilder: Es geht bergab!

Den bekannten Wolkenpass durchquerten wir in einem 7 km langen Tunnel. In Vietnam als Deo Hai Van bezeichnet, ist der Pass die natürliche Wetterschneide zwischen Süd- und Nord-Vietnam. Während des Vietnamkrieges war der Pass ein wichtiger strategischer Ort. Bunkerbauten der Amerikaner und Einschüsse der Vietcongs sind noch Überbleibsel des Krieges vom Ende der 60er Jahre. Der Pass ist fast immer von einer Wolkendecke verschleiert und wir hatten einfach keine Lust, uns ohne Aussicht auf einen Panoramablick hinaufzukämpfen. Wegen des hohen Verkehrsaufkommens auf der Nationalstraße 1 wurde 2005 der Tunnel fertiggestellt und sorgt seitdem für Entlastung auf der Passstraße. Unsere Bikes landeten kurzerhand auf einem Transporter und wir fuhren eingepfercht im Minibus durch den Tunnel.

Gerade war Erntezeit in Vietnam. Dadurch konnten wir eine interessante Erscheinung beobachten: Viele Bauern legten ihren Reis und ihr Getreide zum Trocknen auf den Seitenstreifen oder sogar direkt auf die Straße. In Deutschland wäre das unvorstellbar!

Reis liegt zum Trocknen auf der Straße

Das Wetter hielt sich super, allerdings hatten wir wieder einmal mit Gegenwind zu kämpfen. Unterwegs trafen wir Patrick und Matthias aus Deutschland, die in entgegengesetzter Richtung zu uns um die Welt fuhren, ebenfalls mit dem Fahrrad. Spontan entschieden wir uns, in das gleiche Guest House zu gehen und verbrachten einen sehr netten Abend zusammen.

Mit Matthias (links) und Patrick (rechts) verbrachten wir einen lustigen Abend

In der historischen Stadt Hoi An gönnten wir uns einen Tag Radpause. In Hoi An faszinierte uns vor allem die Altstadt mit ihren vielen Lampions und historischen Häuschen. Wer sich ein „old town" Ticket kauft, kann eine von drei Versammlungshallen und eines von vier alten Handelshäusern besichtigen. Man kann damit über die historische Chua Cau Brücke aus dem 17. Jahrhundert laufen und hat außerdem die Möglichkeit, bei der Laternenproduktion zuzuschauen.

Die historische Chua Cau Brücke beeindruckt in Hoi An

Von Hoi An aus ging es weiter nach Hue, wo wir noch zwei Tage verbrachten, bevor wir nach Hanoi aufbrachen. Nach dem schönen Hoi An waren wir von Hue eher enttäuscht. Die Stadt hatte für uns nur wenig Charme. Für die Weiterreise entschieden wir uns für einen Nachtzug mit einem etwas komfortableren Liegewagen. Der Zug führte uns über die Grenze zwischen Süd- und Nordvietnam. Der Sprung mit dem Zug verschaffte uns die nötige Zeit, da unsere Heimreise immer näher rückte.

Kaum waren wir mit dem Zug am Bahnhof von Hanoi angekommen, wurden wir auch schon von zwei netten Taxifahrern empfangen, die uns anscheinend ohne Probleme mit dem Taxi in das Stadtzentrum bringen wollten. Zwei Minuten später ging die tolle Nachtfahrt durch die Stadt los. Zumindest gingen wir davon aus, dass es eine schöne Fahrt sein würde. Nach einer gefühlten Ewigkeit zeigte das Tachometer plötzlich eine riesige Distanz und einen utopischen

Preis an. Zudem verlor der Vietnamese auf einmal die Fähigkeit, Englisch zu sprechen. Stopp! Stopp! Stopp! So viel Geld hatten wir nicht einmal dabei.

Katja lief kurzerhand ins nächstgelegene Hotel, um den regulären Preis vom Bahnhof bis zum Stadtzentrum zu erfragen. Der angebliche Preis und die Entfernung konnten nicht stimmen. Das „Hotel" beziehungsweise der Puff konnte uns auch keine Auskunft geben, da niemand dort Englisch verstand. Was sollten wir schon machen? Der Fahrer war kurz vorm Weinen, also gaben wir ihm unser letztes Geld und zack – weg war er. Wir standen irgendwo im Nirgendwo, mitten in der Nacht neben einem dreckigen Puff. Ein Hotel war nicht zu sehen. Willkommen in Hanoi. Wir warteten bis der Morgen graute und machten uns dann zu Fuß ins Zentrum auf, um ein Hotel zu suchen.

Davon abgesehen hatten wir bis dahin riesiges Glück gehabt, wenn es darum ging, in schlechte Situationen hineinzuschlittern. Unsere Erfahrungen zeigten, dass die meisten Menschen auf unserer Reise sehr freundlich und aufgeschlossen uns gegenüber waren. Unser Erlebnis in Hanoi blieb ein absoluter Einzelfall und wir waren mehr als zufrieden, dass wir auf unserer Reise kaum Probleme mit Menschen hatten, denen wir begegneten.

Nach vielen Monaten Hitze und Sonnenschein begrüßte uns der frische Norden mit kalter Winterluft. Gewohnt waren wir das gar nicht mehr. Wir waren von Temperaturen um 30°C verwöhnt. Allerdings wurden wir von der Stadt dafür entschädigt. In Hanoi gab es einige charmante Ecken, besonders das Old Quarter gefiel uns gut. In dieser Jahreszeit schmückte sich das Viertel mit viel Weihnachtsklimbim. Hanoi hatte viele kleine Restaurants und es gab Essensstände an jeder Ecke. In einem dieser Restaurants passierte etwas Unfassbares: Als wir bestellen wollten, bekamen wir die unglaubliche Antwort, dass der Reis aus sei. Eigentlich dachten wir, dass so etwas in Asien nie vorkommt, aber so kann man sich irren. Die Stadt war wie Ho Chi Minh überfüllt mit Millionen von Menschen und auch hier schien es wieder keine Verkehrsregeln zu geben.

Eine Halong Bay Tour verschaffte uns die gewünschte Menschenleere. In dieser riesigen Bucht ragten hunderte von Felseninseln zum Teil mehrere hundert Meter hoch aus dem Wasser. Im dichten Nebel wirkte dieser Anblick fast schon mystisch.

Der Name Vịnh Hạ Long bedeutet: „Bucht des untertauchenden Drachen". Die Legende besagt, dass die Bucht durch einen Drachen entstand, der in den Bergen lebte. Als er zur Küste kam, zog sein Schwanz tiefe Furchen in das Land. Diese Furchen wurden vom Meer überflutet, nachdem der Drache wieder zurück ins Wasser getaucht war.

Die majestätische Halong Bay bei Nebel

Mit unserem Schiff fuhren wir drei Tage lang durch die Bucht, vorbei an kleinen Fischerbooten und schwimmenden Dörfern. Unsere Tagestour mit dem Kajak führte uns durch die Höhlen innerhalb der Felsriesen.

Die Kajaktour durch die Höhlen der Halong Bay war atemberaubend!

Die Crew unseres Traumschiffs verwöhnte uns zudem mit dem tollsten Essen. Mit sehr viel Liebe zum Detail wurden uns frischer Fisch und verschiedene Meeresfrüchte serviert, zum Beispiel Quallensalat. In Hanoi gibt es unzählige Touren dieser Art. Wir fuhren mit der „ODC Travel", die wir wärmstens empfehlen können. Die Halong Bay ist definitiv ein Must Do in Nordvietnam.

Es weihnachtete mittlerweile in noch mehr Geschäften und ein bisschen stellte sich bei uns sogar Vorfreude auf die Weihnachtszeit ein. Auch unsere Räder schmückten wir ein wenig und mit frischem Reiseelan freuten wir uns auf den Flug nach Laos.

Unsere Route durch Vietnam

Chau Phu	Fähre + 5 km	10 Nguyen Phuong
Long Xuyen	59 km	Kim Anh Hotel
Cao Lanh	58 km	Hoa Anh Hotel
Tan An	102 km	Cuu Long
Ho Chi Minh City	48 km	Guest House Luan Vu 2
Nha Trang	Zug + 5 km	Thanh Thuy
Van Gia	62 km	Hoa Hiep
Tuy Hoa	84 km	Kim Hang Hotel
Quy Nhon	98 km	En Viet Hotel
Bong Son	90 km	Hai Son Nha Nghi
Noi Quy	63 km	Loc Xuan
Tam Ky	98 km	Anh Huy Hotel
Hoi An	56 km	Thien Trung Hotel
Lang Co	50 km	So 2
Hue	66 km	Hung Vuong Inn
Hanoi	Zug + 5 km	Holiday Silver Hotel

Gesamt: **949 km**

Laos

Hauptstadt:	Vientiane
Einwohnerzahl:	ca 6.2 Mio.
Bevölkerungsdichte:	27 Einwohner pro km²
Währung:	Kip. ₭
Sprache:	Lao (4 Sprachfamilien)
Religion:	Theravada-Buddhismus
Klima:	tropisches Klima – Temperaturschwankungen in großen Höhen

Im Land der Elefanten und Berge

Im Flugzeug nach Laos machten sich bei uns die ersten gemischten Gefühle bemerkbar. Der Gedanke, dass die Reise so langsam dem Ende zuging, nahm uns beide mehr mit, als wir uns eingestehen wollten. Die Vorstellung, nur noch ein Land zu durchfahren und eine letzte neue Kultur zu entdecken, brachte ähnliche Gefühle mit sich wie am Anfang der Reise. Einerseits freuten wir uns sehr, unsere Heimat und unsere Familie wiederzusehen, andererseits fürchteten wir, dass der Alltag uns schnell wieder einholen würde. Als wir jedoch in Laos ankamen, vergaßen wir unsere Bedenken vorerst und ließen uns ganz auf dieses letzte Abenteuer ein.

Luang Prabang, die Stadt, in der wir landeten, war im Vergleich zu Hanoi wie ausgestorben. Das war auch kaum verwunderlich, da die Bevölkerungsdichte von Laos weit geringer ist als die von Vietnam.

In Luang Prabang fühlten wir uns sehr wohl

Luang Prabang war eine kleine verschlafene Stadt mitten in Laos und für uns eine willkommene Abwechslung. Jeden Morgen um fünf Uhr liefen hier 150 bis 200 Mönche die Straße entlang, um Almosen entgegenzunehmen. Dies ist leider zu einer großen Attraktion für Touristen geworden und die einst sehr respektvolle Tradition wurde über die Jahre zu einer Art Paparazzi-Show. Der verlangte Abstand zu den Mönchen ist vielen Hobbyfotografen leider egal. Für uns hatte sich das verdammt frühe Aufstehen jedoch gelohnt und wir beobachteten den beeindruckenden Brauch in respektvollem Abstand.

Der morgendliche Almosengang der Mönche lockt zahlreiche Zuschauer an

Die Aussicht von Luang Prabang auf die Bergketten, die sich in jede Himmels-
richtung erstreckten, flößte uns extremen Respekt ein, zumal wir diese Berge
freiwillig mit unseren Fahrrädern bezwingen wollten. Da stand uns ein steiles
Stück Arbeit bevor.

Man sagt Laos nach, es sei das Land der Elefanten, und so nahmen wir einen
kleinen Umweg in Kauf, um nach dem „Hidden Elephant Village" zu suchen,
einem Elefantenschutzgebiet in der Nähe von Luang Prabang. Wir fanden,
man hätte es statt „hidden" auch einfach „sehr schlecht zu erreichen" nennen
können. Die Strecke zum Elefantendorf war eher dürftig ausgebaut, aber jede
Anstrengung wert. Man konnte dort Dschungeltouren auf den Elefanten buchen und sogar über Nacht bleiben. Wir beließen es bei einem kurzen Besuch.
Von einer Erhöhung am Ende des Dorfes aus konnten wir die Elefanten in
Reih und Glied am Fluss entlang laufen sehen. Im Dorf selbst bestaunten wir
die Elefanten bei der Fütterung. Die Tourguides kletterten anschließend hinter

den Kopf eines Elefanten und gaben ihm mit ihren Füßen Anweisungen, wo er hinlaufen sollte. Ein Druck hinter das rechte Ohr beispielsweise heißt dabei „nach links", hinter das linke Ohr „nach rechts".

Im Hidden Elephant Village konnten wir Elefanten hautnah erleben

Nach diesem Abstecher fuhren wir wie geplant in die Bergregion. Der Weg über die dünn besiedelten Berge war traumhaft schön und wie erwartet anstrengend, unglaublich anstrengend sogar. Kein Bild kann die Aussicht wiedergeben, mit der wir für die Anfahrt belohnt wurden und die Anstrengung der Strecke ist sie auf jeden Fall wert. Die Bergbewohner waren sehr schüchtern, aber viele ältere Männer grüßten uns kopfnickend. Kinder schrien uns „Sabaidi" entgegen, „Willkommen", ließen sich jedoch kaum von uns stören. Ihren Spaß fanden sie beim Spielen in der Natur wortwörtlich mit Stock und Stein. Strom und fließendes Wasser schien es hier kaum zu geben. Als Trinkwasser nutzten sie Regenwasser, das über selbst geschnitzte Bambusleitungen in die Täler der Dörfer geleitet wurde. Frauen sammelten in den Bergen Holz für die Zubereitung einer warmen Mahlzeit am Abend. Hier und da konnten wir sehen, wie junge Männer stolz mit erlegten Tieren in die Dörfer zurückkehrten. Unseren Tagesproviant mussten wir wohl überlegt einteilen. Bis wir ein Dorf erreicht hatten, lagen zum Teil hunderte von Höhenmetern hinter uns. Spätes Ankommen wurde dadurch bestraft, dass keine Restaurants mehr geöffnet hatten. Ab 18 Uhr schlossen alle Laoten ihre kleinen Suppenküchen, um für die eigene Familie zu kochen. So waren wir überrascht, als wir von einer schüchternen Dame darauf hingewiesen wurden, dass der Inhalt ihres Topfes nicht für Gäste gedacht sei.

Nach wenigen Tagen trafen wir ein Pärchen aus Belgien, das absolut professionell ausgestattet war. Sie hatten GPS, „echte" Radbekleidung und einen hervorragenden Laos Reiseführer dabei. Nach vielen Tagen der Ungewissheit über unseren Streckenverlauf mussten wir uns erst wieder daran gewöhnen, schon vorher zu wissen, wie viele Kilometer und Höhenmeter pro Tag wir bewältigen mussten. Wir fuhren ein paar Tage lang gemeinsam durch die Berge. Es ist erstaunlich, wie unterschiedlich man ein Land bereisen kann. Auf Dauer findet jeder seine eigene Mitte.

Mitten in den Gebirgen von Laos eröffnen sich spektakuläre Ausblicke

Meistens übernachteten wir in den hoch gelegenen Bergdörfern. Die ersten Stunden am frühen Morgen waren noch kalt und wir fuhren durch den Dunst der Nebelschwaden. Der morgendliche Nebel verzauberte die Wege und sie wirkten fast wie aus einer anderen Welt. Die Menschen waren immer sehr freundlich, aber recht zurückhaltend. An einem Nachmittag machten wir Halt bei einem Obststand und kauften Früchte für die Fahrt. Ein kleines Kind schenkte uns eine Mandarine und freute sich allein daran, uns eine Freude gemacht zu haben.

Morgens lag sehr dichter Nebel auf den Straßen

Auf dem Weg nach Vang Vieng begegneten wir dem faszinierendsten Radreisenden, den man sich vorstellen kann. Sein Name war Marc, er kam aus Frankreich und war auf seiner sechsten Weltreise. Er hatte knapp 100.000 km auf dem Buckel, was unsere Reise wie einen Kindergartenausflug aussehen ließ. Was wir in zwei bis drei Tagen fuhren, legte Marc an einem Tag zurück. Zusammen fuhren wir nach Vang Vieng und blieben im selben Guest House. Den Abend verbrachten wir damit, uns gegenseitig die faszinierendsten Radstorys zu erzählen. Wir hatten viel Spaß und einen unvergesslichen Abend zusammen.

Vang Vieng hatte bis wenige Monate vor unserer Ankunft noch den Ruf der verrücktesten Partystadt Süd-Ost-Asiens gehabt. Tausende junge Touristen kamen eigens für das so genannte „Tubing" nach Laos, bei dem man auf alten LKW-Reifen den Fluss Nam Song hinuntertrieb, um in einem Paradies aus billigen Drinks und einem Abenteuerspielplatz mit Schaukeln und Seilbahnen zu feiern, buchstäblich bis der Arzt kommt. Mit mehreren Todesfällen allein im Jahr zuvor (Drogen, Alkohol etc.) kam der Ruf sicher nicht von ungefähr. Seit einigen Monaten jedoch hatten alle Bars am Fluss geschlossen und das Dorf machte auf uns einen ähnlich ruhigen Eindruck wie Luang Prabang. Drogen bekamen wir nie angeboten und einige andere Touristen bestätigten uns die drastischen, aber auch nötigen Veränderungen. Unsere 4 km lange Fahrt auf dem großen Gummireifen den Fluss hinunter hätte nicht entspannter sein können.

In Vang Vieng genossen wir entspanntes Tubing

Unser Weg von Vang Vieng weiter Richtung Süden die Route 13 entlang war etwas weniger steil, blieb aber aufregend. Bewaffnete Laoten am Straßenrand brachten unseren Adrenalinspiegel auf Touren. Auf der kurzen Strecke zwischen Vang Vieng und Kasi war es in der Vergangenheit wiederholt zu Überfällen von Bergräubern auf Bustouristen gekommen. Die bewaffneten Laoten sollten am Wegesrand für Recht und Ordnung sorgen. Wir jedenfalls überstanden diesen Wegabschnitt ohne Zwischenfälle.

Laos gilt als Geheimtipp für Asienurlauber. Obwohl im Vergleich zu anderen Ländern Asiens mit weniger Touristen zu rechnen ist, begegneten wir hier den meisten Fernradlern. Kurzzeiturlauber, Aussteiger und andere Radreisende fuhren uns in regelmäßigen Abständen entgegen. Wenn man bedenkt, dass viele Strecken in Laos extrem anspruchsvoll sind, waren wir verwundert, gerade hier so viele Gleichgesinnte zu treffen. Aber vielleicht machte es die Stille und Weite in den Bergen zu einem so besonderen Erlebnis für alle. Leider sahen wir auch häufig Überbleibsel von fatalen Verkehrsunfällen. Busse, die Klippen hinuntergestürzt waren und überladene Lastwagen, die auf der Seite lagen. Die Straßen waren streckenweise schlecht einsehbar. Gepaart mit der Fahrweise einiger Laoten waren Unfälle dort vorprogrammiert.

Falls ihr Lust habt, Laos zu besuchen, raten wir euch, das möglichst schnell zu machen. Grund dafür ist die geplante Zugverbindung von Kunming in China, durch Vientiane bis nach Singapur. Von einem chinesischen Unternehmen wird die Strecke mit rund 20.000 Gastarbeitern zurzeit fertig gestellt. Nach Angaben werden 76 Tunnel und 150 Brücken entstehen. Die Zugstrecke soll dadurch extrem verkürzt werden. Leider wird das die Abgeschiedenheit von Laos und alles, was dieses ruhige Volk mit sich bringt, verändern. Dieser Wandel weist wirtschaftlich sicher großes Potential auf, aber einen Teil der urigen Art der Laoten wird er zerstören.

Die letzten Tage auf dem Weg nach Vientiane fühlten sich für uns sehr komisch an. Rein technisch gesehen war die Hauptstadt unsere fiktive Ziellinie. Sie war der Endpunkt unserer langen Reise, von dort aus würde es wieder Richtung Heimat gehen. Als wir in Vientiane unsere Räder durch den Patuxai Triumphbogen schoben, kamen wir uns vor wie beim Zieleinlauf eines Marathons. Mit gemischten Gefühlen, die schwer in Worte zu fassen sind, hing jeder von uns seinen Gedanken nach. Zwei Amerikaner fragten uns, wo die Reise denn hingehen sollte. Erst als wir Ihnen berichteten, dass wir schon dreizehn Monate unterwegs waren und es bald nach Hause gehen würde, realisierten wir das sehr greifbare Ende unserer Reise. Zur Ablenkung genossen wir noch ein paar Tage das Leben auf Reise und sahen uns zum Beispiel das

Reliquie Pha That Luang an, einen großen buddhistischen Grabhügel aus dem 16. Jahrhundert, der schon aus weiter Entfernung mit seinem goldenen Dach protzte. Nach fast 13 Monaten Radabenteuer waren wir mehr als zufrieden und bereiteten uns langsam auf den Heimweg vor. Lebe wohl, Laos!

Auf der Zielgeraden in Laos: Der Patuxai Triumphbogen

Unsere Route durch Laos

Luang Prabang	Flug	Phousi 2 Guesthouse
Xiang Ngenn	38 km	Sengmany Guesthouse
Kiu Kacham	55 km	Duangvichit Guesthouse
Phou Khoun	53 km	Say Pharong Guesthouse
Kasi	46 km	Daling Guesthouse
Vang Vieng	61 km	Seng Duen Guesthouse
Hin Heup	65 km	Souksomvang Guesthouse
Keun	50 km	Vansana Nam Ngeum Resort
Vientiane	87 km	Lao Orchid Guesthouse
Nong Khai	33 km	Nachtfahrt Zug

Gesamt: **488 km**

Heimkehr

Es ging also nach knapp 13 Monaten zurück nach Deutschland. Eine kurze Fahrt führte uns von Vientiane zur Friendship Bridge über den Mekong und somit zurück nach Thailand. Wie zwei alte Profis überquerten wir die Grenze von Laos nach Thailand, als wäre es das Normalste der Welt.

Die letzten asiatischen Fahrradmeter zu dem Zug, der uns nach Bangkok bringen sollte, vergingen wie im Flug. Das ganze Jahr war viel zu schnell vergangen. Wir waren aufgeregt, unsere Lieben zu Hause wiederzusehen, doch gerade in den letzten Tagen waren wir hin- und hergerissen zwischen Freude und Trauer.

Wieder in Thailand

In Bangkok gab es endlich den lang ersehnten und hart verdienten Souvenir-Kaufrausch. Wir besorgten Geschenke für Freunde und Familie, Klamotten,

Kitsch, gefälschte Gürtelschnallen, alles, wonach uns der Sinn stand! Ein letztes kaltes typisch asiatisches Tiger Bier und eine Rundfahrt im Tuk-Tuk ließen wir uns zum Schluss auch nicht nehmen.

Unser Heimflug verlief am nächsten Morgen über Bangkok nach Neu Delhi, inklusive mehrerer Stunden Wartezeit in Indien. Bis die überforderten Mitarbeiter am Check-In-Schalter bereit waren, uns durchzulassen, verging eine gefühlte Ewigkeit. Von dort aus ging es weiter nach Moskau, was für uns einen Temperatursturz von plus 30 auf minus 20°C bedeutete. In kurzer Hose und T-Shirt marschierten wir an den russischen Pelzträgern vorbei. Der russische Winter bereitete uns einen frostigen Willkommensgruß.

Nach ein paar Stunden saßen wir in unserem Flieger nach Deutschland. Wir hatten vor, die Heimfahrt künstlich in die Länge zu ziehen. Wir flogen nicht nach Stuttgart, sondern nach Frankfurt, um von dort aus zu radeln. Wir wollten die Reise so beenden, wie wir sie angefangen hatten: mit einer Tour durch die Weihnachtsmärkte, für die wir uns eine ganze Woche Zeit nahmen.

Schließlich hieß es: Home sweet Home. Wir waren zurück im organisierten Deutschland, wo uns jeder verstehen konnte – und es war gar nicht einmal sooo kalt.

Frankfurt am Main – zurück in heimatlichen Gefilden

In Frankfurt trafen wir sogar noch einen Freund, den wir in San Diego kennengelernt hatten. Damals im April waren wir mit Florian im gleichen Hostel gewesen. Bei einem Bier hatte er uns eingeladen, ihn auf unserem Rückweg in seiner Heimatstadt Frankfurt zu besuchen.

Von Frankfurt aus radelten wir los nach Stuttgart. Vier weitere anstrengende Tage ging es über Feldwege, Wälder und RADWEGE (meine Güte, Radwege) durch das schöne Deutschland. Hinten auf dem Rad dabei war stets unser laotischer Freund Chris, ein aufblasbarer Weihnachtsmann, den wir auf einem Markt in Ventiane gekauft hatten. Weihnachtsmärkte begleiteten uns wieder und das Wetter blieb standhaft mild.

Deutsche Waldwege mit unserem laotischen Weihnachtsmann

In Zunzenhausen übernachteten wir sogar im gleichen Hotel wie 13 Monate zuvor und auch diesmal wurden wir freundlich empfangen. Der letzte Tag war für uns sehr surreal. Die vertraute Umgebung ließ uns daran zweifeln, ob wir jemals weg gewesen waren. Zwei gesprächige Stuttgarter Fahrradfreunde begleiteten uns auf unserer Zielgeraden und konnten uns ein wenig ablenken. Die letzten zwei Kilometer fuhren wir zu zweit mit tausend Gedanken im Kopf Richtung Schlossplatz. Die Heimkehr war ein sehr erdrückendes Gefühl, denn wie schon einmal ein weiser Reisender gesagt hatte: „Es gehört großer Mut dazu, loszufahren, aber man braucht sehr viel mehr Mut, um nach Monaten voller Freiheit und Abenteuer wieder nach Hause zu kommen." Unsere Freunde und Familie empfingen uns am Stuttgarter Glühweinstand. Nach vielen Willkommensumarmungen realisierten wir langsam, dass wir zurück waren. Am 23. Dezember 2012, nach 12.720 km auf dem Fahrrad und 57 Wochen Abenteuer, fand unsere Weltreise somit ein Ende.

Willkommen zurück in Stuggi!

Inzwischen arbeiten wir beide wieder und es geht uns sehr gut. Wir denken oft an die Reise zurück und die vielen Erinnerungen werden für immer etwas ganz Besonderes bleiben. Wir können es kaum abwarten, bald wieder aufs Rad zu steigen! Mittlerweile sind wir zu dritt und wer weiß, ob wir nicht auch mal als kleine Familie auf Radreise gehen.

Unsere Route zurück nach Stuttgart

Bangkok	10 km	Rainforest Guest House
Frankfurt	Flug + 3 km	Frankfurt Hostel
Darmstadt	43 km	Jugendherberge
Zuzenhausen	48 km	Hotel Adler (Dachsenfranz)
Hessigheim	64 km	Gasthaus Pfitzenhauer
Stuttgart	37 km	HOME

Gesamt: **205 km**

The End

Fragen & Antworten

Wie habt ihr Trinkwasser organisiert?

Eigentlich gab es in allen Ländern, durch die wir gereist sind, Trinkwasser zu kaufen. In den USA und Australien haben wir unsere Flaschen auch oft mit Leitungswasser gefüllt. In den USA gibt es viele öffentliche Wasserspender, an denen man super die Flaschen auffüllen kann. In Asien verzichteten wir lieber ganz auf Wasser aus der Leitung und kauften immer Wasser in den kleinen Läden. Natürlich muss man morgens immer etwas kalkulieren, ob man durch kleine Dörfer fährt oder in der Einöde keine Möglichkeit zum Nachfüllen oder Einkaufen hat. Von Beginn an hatten wir immer einen Wasserfilter mit dabei, weil wir nicht wussten, wie die Trinkwassersituation sein würde. Wir haben ihn nie benutzt, bereuen aber nicht, ihn mitgeschleppt zu haben.

Wie viele Kilometer seid ihr durchschnittlich gefahren? Höchstgeschwindigkeit?

Die Kilometeranzahl war je nach Strecke und Wetter natürlich unterschiedlich. Aber im Durchschnitt sind wir zwischen 40 und 80 km sowie 3 bis 6 Stunden am Tag auf dem Fahrrad gewesen. Im Streckenprofil sind die einzelnen Tage detailliert aufgelistet. Die höchste Geschwindigkeit, die wir gemessen haben, war 72 km/h, als Mathias in Kalifornien auf der California 1 bergab gefahren ist. Auch die subjektive Geschwindigkeit schwankt allerdings: An manchen Tagen fühlt man sich wie ein geölter Blitz, an anderen kriecht man im Schneckentempo dahin.

Wie viele Platten gab es?

Die genaue Anzahl der Platten wissen wir ehrlich gesagt nicht mehr. Wir schätzen, es waren etwa 15 bis 20. Bestimmt hat der praktische Tipp mit dem grünen Schleim, den man in die Schläuche füllen kann, uns einige Platten erspart. Vorne am Fahrrad haben wir heute sogar immer noch den ersten Reifen. Marke: Schwalbe Marathon Cross 47-559, Reflex.

Wie habt ihr das Fahrrad in Bus und Flugzeug transportiert?

Je nach Land und Flug gibt es unterschiedliche Bestimmungen bei der Fahrradmitnahme. Bevor man einen Flug bucht, sollte man sich immer informieren, wie viel die Mitnahme eines Fahrrades kostet und wie es verpackt werden muss. Die einzelnen Airlines variieren hier enorm. Bei manchen gilt ein Fahrrad als Sportgepäck, bei anderen als Übergepäck, das pro Kilo extra bezahlt werden muss. Dadurch kann ein Flug extrem teuer werden. Wenn das Fahrrad nur in einer Box transportiert werden kann, ist es notwendig zu wissen, wie man die einzelnen Teile auseinanderbaut. Für das entsprechende Werkzeug muss man in der Regel selbst sorgen.

In Bus und Bahn gibt es je nach Land auch viele Unterschiede. In Australien mussten wir selbst auf längeren Zugfahrten die Räder in eine Box packen, in Asien dagegen wurde das Rad nicht gerade mit Samthandschuhen angefasst. Allerdings gab es dort auch nicht so strenge Bedingungen bei der Mitnahme. Selbst im Bus war alles möglich.

Wie liefen auf der Strecke die tägliche Hygiene und der Gang zur Toilette ab?

Neben normalen öffentlichen Toiletten haben wir uns natürlich einige Male in den Büschen erleichtert. Bei der großen Bevölkerungsdichte in Asien gestaltete es sich allerdings oft schwierig, einen unbeobachteten Ort zu finden, zumal wir ja so interessant für die Einheimischen waren. Die Reise hat uns irgendwann abgehärtet. In Kambodscha sind viele Felder und Wiesen noch vermint und so sind wir einfach nur an der Straße hinter unseren Rädern gehockt oder gestanden. Klopapier hatten wir immer im Gepäck. Vor allem in Asien kann das sehr nützlich sein, da Klopapier auch in den Unterkünften nicht zum Standard gehört. Die tägliche Hygiene war kein Problem. Eigentlich hatte jedes Hotel eine Dusche. Je nach Land war das entweder eine, wie wir sie von Deutschland auch kannten, oder nur ein Eimer mit Schöpfkelle. Bei letzterem gießt man sich einfach das Wasser in der kleinen Badenische über Kopf und Körper. Auch die Campingplätze hatten immer sanitäre Anlagen. Wenn wir einmal wild campierten, musste ein Tag auch einmal ohne Dusche überbrückt werden. Schweiß konnte man meistens mit einem Bad im Meer gegen Salzwasser tauschen.

Beziehungsstress?

Natürlich gab es auf der Reise Meinungsverschiedenheiten und vor allem am Anfang der Reise mussten wir erst einmal einen gemeinsamen Rhythmus finden. Jeden Tag saßen wir 24 Stunden aufeinander. Allerdings kann man auf dem Rad auch gut Abstand zueinander halten. So verbringt man den Tag alleine und hängt seinen Gedanken nach. Streitereien sollten allerdings besser früher als später geklärt werden, da es ja am nächsten Tag weitergehen soll. Wenn wir ehrlich sind, hatten wir während der Vorbereitungszeit weit mehr Stress als während der Fahrt.

Habt ihr euch besser kennen gelernt?

Definitiv lernt man sich besser kennen. Das beinhaltet natürlich positive und negative Dinge. Es gibt Dinge, die man am anderen lieber nicht kennengelernt und miterlebt hätte. Aber es schweißt auf jeden Fall zusammen und es gibt keine Sache, die uns untereinander heute noch peinlich wäre.

Wie habt ihr Sponsoren für euer Vorhaben gefunden?

Tatsächlich hat es damit angefangen, dass wir angeschrieben wurden. Die Onlinefirma „Bergzeit" hatte uns über Twitter gefunden und einfach gefragt, ob wir noch Bedarf an Radtaschen hätten und ob wir uns eine Partnerschaft mit ihnen vorstellen könnten. Wir haben natürlich zugesagt. Die Idee, unseren Reiseblog etwas aufwändiger zu gestalten, kam wie von alleine. Danach schrieben wir ca. 40 Firmen an und fragten, ob sie Interesse daran hätten, uns zu sponsern. 20 Firmen antworteten uns und davon wiederum zeigten 10 Firmen Interesse. Einige Firmen boten uns spezielle Ausrüstung an, wie zum Beispiel Luftmatratzen oder Wasserkocher, oder sie fragten uns, was wir noch gebrauchen konnten. Eine Firma wollte uns mit Survival-Trockenfutter unterwegs beliefern, was wir jedoch ablehnten. Die Firma Craft konnte uns Prozente für ihre Radbekleidung anbieten. Wir hatten sehr viel Glück, dass so viele Firmen Interesse zeigten. Es kann auch vorkommen, dass alle Sponsoren schon andere Projekte unterstützen und man leer ausgeht. Einen Versuch ist es aber wert, auch wenn es im Voraus einiges an Arbeit und Ausdauer erfordert.

Würdet ihr die Route weiterempfehlen, die ihr gefahren seid?

Jeder muss sich natürlich selbst überlegen, wie abenteuerlustig er ist, was er sehen und durch welches Klima er reisen möchte. Vorbereitung ist dabei alles. Uns hat es gut getan, nicht gleich in Asien zu beginnen, so waren wir schon ein wenig abgehärtet, als wir dort ankamen. Die USA und die Route 66 sind auf jeden Fall zu empfehlen. Die australische Ostküste ist vielleicht kein Traum zum Radfahren. Trotzdem würden wir nichts anders machen. Zur Not steht immer noch die Alternative Bus, Bahn oder Mietwagen zur Verfügung, wenn es einmal gar nicht weitergehen sollte.

Wie habt ihr Temperaturwechsel bewältigt? Höhenmeter? Kreislauf?

Das Wichtigste ist, sich den Bedingungen anzupassen und auf seinen Körper zu hören. Wir lernten mit der Zeit, uns einzuschätzen. Temperaturwechsel kann man gut durch das „Kleiderzwiebelprinzip" bewältigen. So ist es gut, wenn man Funktionswäsche dabei hat, die bei starker Hitze atmungsaktiv bleibt. Vor allem ein Longsleeve, das man am Tag immer wieder an- und ausziehen kann, ist Gold wert. Körperlich kamen wir teilweise an unsere Grenzen. Am Tag machten wir dann aber genügend Pausen im Schatten, so dass wir kaum Probleme mit unserem Kreislauf oder der Gesundheit hatten.

Wer hat das Tempo vorgegeben?

Wir hatten das Glück, ungefähr das gleiche Tempo zu haben. Meistens fuhr derjenige vor, der die Karte hatte. Wir wechselten uns jeden Tag ab. Je nach Tagesform kam es schon einmal vor, dass einer von uns ein wenig schneller fahren wollte und das dann auch tat. Meist fuhren wir auf Strecken mit nur wenigen Möglichkeiten, sich zu verlieren. Trotzdem gab es auch Tage, an denen wir uns abstimmen und aufeinander einstellen mussten.

Was war das erste, das ihr gemacht habt, als ihr zu Hause wart?

Freunde haben uns in der Stuttgarter Innenstand am Glühweinstand begrüßt. Dann haben wir am nächsten Tag erst einmal Weihnachten gefeiert, viel erzählt und uns vor allem gefreut, dass wir für den nächsten Tag kein Zimmer suchen mussten. Wir hatten nach 13 Monaten das erste Mal wieder den Luxus, dass Schlafplatz und Essen auch schon für die nächsten Tage sicher waren.

Was habt ihr auf der Reise am meisten vermisst?

Katja: Familie, Freunde, Brezeln

Mathias: Brot

Wie und wann kam euch die Idee von einer Weltreise auf dem Rad?

Im Januar 2011 besuchte Katja einen Reisevortrag im Stuttgarter Linden Museum. Schon länger hatten wir den Traum, einmal für längere Zeit wegzufahren und so reifte der Plan erst sehr langsam, aber dann wurde doch recht schnell etwas Größeres daraus.

Musstet ihr eure Familien und Freunde von diesem Projekt überzeugen?

Meine Familie wusste schon bei den ersten Erzählungen, dass wir es wahrscheinlich wahr machen würden. Meine Mutter hat dafür schon immer den Siebten Sinn und weiß aus der Vergangenheit und von vielen früheren Reisen, dass ich es auch durchziehen werde, wenn ich einmal einen Floh im Ohr habe. Mathias' Eltern wohnen in der Nähe von Hamburg und sind es schon gewohnt, ihn nur sehr selten zu sehen. Viele Freunde hielten uns erst einmal für verrückt und warteten ab, ob aus der Idee auch wirklich etwas mehr würde. Trotzdem trauten sie uns die Reise zu, auch wenn sie niemals mitgekommen wären. Die Idee mit dem Fahrrad und dann auch noch unser Start im Dezember waren für alle eher abschreckend. Außerdem haben wir festgestellt, dass man so eine Reise auch nur umsetzen kann, wenn man 100 Prozent dahinter steht. Sonst findet man viele Gründe, warum man nicht gehen kann, wie z.B. Job oder Wohnung. Wenn wir kurz zuvor aber doch ein mulmiges Gefühl hatten, weil es nun wirklich losgehen sollte, unterstützten uns Familie und Freunde und standen voll hinter uns.

In welches Land würdet ihr wieder reisen wollen?

Katja: USA, Kambodscha, Laos

Mathias: Kambodscha

Habt ihr manchmal ans Aufhören gedacht?

An anstrengenden Tagen oder wenn etwas nicht klappt, denkt man immer mal wieder darüber nach, warum man diese Reise macht. Es gibt Tage, an denen waren wir genervt von unserer ganzen Situation. Wir sehnten uns dann nach unserem geregelten Leben in Deutschland. Diese negativen Momente wurden allerdings von vielen positiven Tagen verdrängt. Deshalb zog es uns immer weiter und wir haben nie wirklich darüber nachgedacht, aufzuhören.

Was waren eure körperlichen Grenzerfahrungen?

Letztendlich waren sicher die Berge in Laos eine der anstrengendsten Erfahrungen, die wir gemacht haben. Auch auf der Insel Maui kamen wir nicht nur beim Vulkanaufstieg an unsere Grenzen. Eigenartigerweise vergisst man die Strapazen schnell und kämpft sich auch am nächsten Tag weiter. Laos war zwar eines der anstrengendsten Länder, die wir bereist haben, aber auch das Land, wo wir die schönsten Erfahrungen und Erlebnisse hatten. Vielleicht muss man auch so an seine Grenzen gehen, um die Einzigartigkeit und Schönheit dieses Landes zu erleben.

Wer konnte die Karte besser lesen?

Ohne Frage Katja!

Habt ihr unterwegs Sachen weggeschmissen?

Manche T-Shirts waren nach einigen Monaten auf der Reise einfach abgenutzt. Davon abgesehen haben wir eher wenig weggeschmissen. Wir hatten sehr wenig im Gepäck und so wurde eher eine Hose zugekauft als weggeschmissen. Einige Dinge gingen verloren, was hauptsächlich an Mathias' Vergesslichkeit lag.

Wie kommt man mit so wenig Gepäck aus?

Auch hier lernten wir, damit umzugehen. Beim Radfahren ist es relativ egal, ob man nur wenig Kleidung zum Wechseln hat. Uns war es aber wichtig, auch für Abends oder für einen Tag Städtetour nicht wie Radreisende auszusehen. Deshalb hatten wir auch eine Jeans im Gepäck. Schnell merkt man, was für einen selbst wichtig ist und was nicht. Mathias und ich unterschieden uns darin, dass ich mehr Kleidung herumfuhr, einfach weil es mir wichtig war. Vielleicht ist das so eine Frauensache. Außerdem hatte ich bis Darwin noch ein Paar schickere Schuhe im Gepäck. Auch da wird jeder für sich entscheiden müssen, ob er die mittragen möchte. Gegen Ende der Reise freuten wir uns schon ein wenig auf unsere Kleidung, die zu Hause eingelagert war. Irgendwann waren uns vier T-Shirts zum Wechseln doch zu wenig. Wenn man weniger Kleidung besitzt, muss man natürlich häufiger waschen. Wir haben auch immer wieder einige Kleidungsstücke unter der Dusche ausgewaschen.

Wie habt ihr eure Tagesstrecken geplant?

Wir gingen immer morgens die Strecke für den Tag durch, manchmal auch schon am Abend davor. Auf der Karte konnten wir ungefähr abschätzen, wie weit wir kommen wollten, oder auch sollten. Ein grober Plan reichte uns immer aus. An den meisten Tagen fuhren wir dann spontan doch noch weiter oder entschieden uns z.B. aufgrund der Wetterverhältnisse, doch früher anzuhalten, wenn wir spontan eine Unterkunft fanden. Nach einiger Zeit konnten wir ungefähr einschätzen, wie viele Kilometer am Tag überhaupt machbar waren.

Wie habt ihr jeden Tag eine Übernachtung und Essbares gefunden?

Wichtig ist, sich am Morgen auf der Karte zu überlegen, wo es auf der Tagesstrecke Übernachtungsmöglichkeiten geben könnte. In den USA und Australien gab es auf dem Weg eigentlich fast immer eine Stadt, von der wir fast sicher sagen konnten, dass wir etwas finden würden. Wichtig war dann nur, vor Einbruch der Dunkelheit nach einer Unterkunft Ausschau zu halten. Nicht jeden Tag gelang uns das, weil wir zu lange Pausen machten, wir viel Gegenwind hatten oder wir uns zeitlich einfach verschätzten. An diesen Tagen mussten wir wohl oder übel noch die letzten Kilometer im Dunkeln fahren, was wir eigentlich gerne vermieden. Ein großer Vorteil in den USA waren die vielen Motels mit Leuchtreklame, die nicht weit von der Interstate entfernt waren. Die waren auch von der Route 66 gut sichtbar und wir mussten nicht erst in eine Stadt fahren, um etwas zu finden. Viele Fernstreckenfahrer kamen dort in die Motels, aber es war eigentlich immer noch ein Zimmer frei. Auch Campingplätze waren gut ausgeschildert oder sogar auf der Karte markiert. In Asien mussten wir erst herausfinden, wo es Hotels geben könnte und teilweise verständigten wir uns mit Händen und Füßen, wie weit es noch zur nächsten Unterkunft sein würde.

Abends war es keine Schwierigkeit, etwas Essbares zu finden, weil an fast jeder Unterkunft ein kleiner Imbiss, ein Familienrestaurant oder Ähnliches zu finden war. In der Stadt galt das sowieso. Für tagsüber hatten wir kleine Snacks dabei oder machten uns am Morgen schon ein Sandwich. In Asien kamen wir immer an kleinen Restaurants vorbei, die Reis oder Suppe anboten.

Wie seid ihr an Bargeld gekommen?

Jeder von uns hatte eine Visa und EC-Karte dabei, mit denen es immer möglich war, Geld abzuheben. In Asien sollte man einkalkulieren, dass es nur in den größeren Städten Automaten gibt, an denen man Geld abheben kann. So haben wir immer im Voraus kalkuliert, wie viel Geld wir brauchten. Da in Asien alles sehr billig ist, fährt man trotzdem nicht mit viel Bargeld herum. In Australien und den USA ist Kartenzahlung kein Problem. Mathias hat eine Visa-Karte von der DKB, bei der keine Auslandsgebühren anfallen. Das war ein großer Vorteil für uns, da man sonst schon viel Geld für das Abheben von Bargeld verschwendet.

Links

Reiseinfos:

http://www.weltreise-info.de/

http://rad-forum.de/

http://www.bikefreaks.de/

http://www.warmshower.org/

http://www.couchsurfing.org/

http://www.helpx.net/

http://www.adfc.de/

http://www.auswaertiges-amt.de/

Sehenswürdigkeiten, Unterkünfte, Touren:

Statue of Liberty: http://www.statueofliberty.org/

Times Square: http://www.timessquarenyc.org/index.aspx

Rockefeller Center: http://www.rockefellercenter.com/

Weißes Haus: http://www.whitehouse.gov/

Niagarafälle: http://www.niagara-usa.com/

Route 66: http://www.historic66.com/

Route 66 Museum in Pontiac, Illinois:
http://www.pontiac.org/index.aspx?NID=109

Budweiser Brauereitour: http://www.budweisertours.com/z01/index.php/age-gate/

Bonanza Motel in Vega: http://www.bonanzamotelvega.com/

Santa Rosa: http://www.santarosanm.org/scubadiving.htm

Cadillac Ranch: http://www.roadsideamerica.com/story/2220

KOA Campingplatz in Las Vegas, New Mexico:
http://koa.com/campgrounds/las-vegas-new-mexico/

Santa Fe: http://santafe.org/

Mesa Verde: http://www.visitmesaverde.com/

Monument Valley: http://navajonationparks.org/htm/monumentvalley.htm

Grand Canyon: http://www.nps.gov/grca/index.htm

Las Vegas: http://www.lasvegas.com/

San Diego: http://www.sandiego.org/

Disneyland Resort Anaheim, California: https://disneyland.disney.go.com/

Los Angeles: http://www.discoverlosangeles.com/

Universal Studios Hollywood: http://www.universalstudioshollywood.com/

Beverly Hills: http://www.beverlyhills.org/

Big Sur: http://www.bigsurcalifornia.org/

San Francisco: http://www.sanfrancisco.travel/

Alcatraz: http://www.alcatrazcruises.com/

Napa Valley: http://www.visitnapavalley.com/

Maui: http://www.gohawaii.com/de/maui

Rainbow Durf Hostel, Maui: http://www.mauirainbowsurfhostel.com/

Oahu: http://www.gohawaii.com/de/oahu

Pearl Harbor: https://www.pearlharboroahu.com/

Sydney: http://www.sydney.com/

Hunter Valley Wine Country: http://www.winecountry.com.au/

Waterfall Way: http://www.visitnsw.com/things-to-do/drives-and-road-trips/waterfall-way

Coolangatta Rock'n'Roll Oldtimer Festival: http://coolyrockson.mybigcommerce.com/

Lone Pine Koala Sanctuary: http://www.koala.net/de/

Wicked Travel: http://www.wickedtravel.com.au/

Tin Can Bay: http://www.tincanbaytourism.org.au/

Ginger Factory in Yandina: http://www.gingerfactory.com.au/

Town of 1770: http://townof1770-agneswater.com.au/

Airlie Beach: http://www.airliebeach.com/

Whitsunday Islands: http://www.tourismwhitsundays.com.au/

Mission Beach: http://www.missionbeachtourism.com/

Great Barrier Reef: http://www.great-barrier-reef.eu/

Darwin: http://www.darwin-australia.com/

Kakadu National Park: http://www.parksaustralia.gov.au/kakadu/

Litchfield National Park: http://www.litchfieldnationalpark.com/

Wallaroo Tours: http://www.wallarootours.com/

Singapur: http://www.singapur-tourismus.de/

Malaysia: http://www.tourismmalaysia.de/

Hafiz's Cherating Activities: https://www.facebook.com/pages/Hafizs-Cherating-Activities/284449151601476

Perhentian Islands: http://www.malaysiaurlaub.net/perhentian-islands-paradies/

Indonesien: http://indonesia.travel/

Orang-Utan Schutzgebiet Bukit Lawang: http://bukitlawang.com/

AO Thai Resort in Sathing Phra: http://www.aothairesort.com/de/hotel/das-resort.html

Suchart Subsin Shadow Puppetry Museum: http://bannangthalung.com/

Insel Ko Tao: http://www.koh-tao.de/

Bangkok: http://www.bangkok.com/

Grand Palace: http://www.grandpalacebangkok.com/

Choice Cambodia: http://www.choice-cambodia.org/

Choice Family Cambodia: www.choicefamily.de

Ho Chi Minh City: http://www.vietnamonline.com/destination/ho-chi-minh-city.html

Golden Dragon Water Puppet Theater: http://www.goldendragonwaterpuppet.com

Halong Bay: http://www.halong.vn/

ODC Travel: http://www.odctravel.com.vn/

Laos: http://www.tourismlaos.org/

Hidden Elephant Village: http://www.elephantvillage-laos.com/

Bildnachweis

Alle Bilder innerhalb dieses Buches stammen von:

• Katja Böhmler und Mathias Neubauer

• OpenStreetMap und Mitwirkende, CC BY-SA

www.openstreetmap.org

Lesetipps

Lust auf mehr Reiseabenteuer? Hier finden Sie weiteren spannenden Lesestoff aus unserem GRIN & Travel Programm:

Mein Jahr Neuseeland

von Carolin Werner

Jetzt kaufen auf <u>grin.com.</u>

Carolin Werner hat sich einen persönlichen Traum erfüllt und war ein Jahr als Backpacker in Neuseeland unterwegs. In diesem Buch erzählt sie ihre Geschichte und berichtet von neuen Freunden, harter Arbeit, einem verheerenden Erdbeben, geworfenen Gummistiefeln und Herr-der-Ringe-Touren auf beiden Inseln Neuseelands. Dazu liefert die Autorin jede Menge praktische Tipps, die auch gleich mit aktiven Links ins Internet versehen und somit direkt aus dem E-Book heraus aufrufbar sind. So können Sie Ihre Reise mit stets aktuellen Informationen z. B. zu Öffnungszeiten und Eintrittspreisen perfekt vorbereiten.

ISBN: 978-3-656-31580-3

Einmal quer durch Kanada

von Alexander & Cindy Fischer

Jetzt kaufen auf <u>grin.com</u>.

Berge, Seen, Wasserfälle und wilde Bären in Nationalparks einerseits und Großstadtflair in Vancouver, Toronto, Montreal und Ottawa andererseits - so malten sich Alexander und Cindy Fischer ihren 4-wöchigen Mietwagen- und Wanderurlaub in Kanada aus. In diesem Buch schildern sie ihre ganz persönlichen Eindrücke von den großen Nationalparks Jasper, Yoho, Mount Revelstoke und Banff und erzählen von ihrer Suche nach wilden Tieren, von schwierigen Wanderwegen, tosenden Wasserfällen und den fantastischen Berglandschaften, die Kanadas Natur so einzigartig machen. Auch in den Städten entdeckten die Autoren Ungewöhnliches und Interessantes: Eine dampfende Uhr in Vancouver, ein komplett überdachtes Straßensystem in Calgary, ein mittelalterlich anmutendes Schloss in Quebec, den rot-gold-leuchtenden Indian Summer in Ottawa und einen riesigen Turm in Toronto. Und natürlich darf auch ein Abstecher zu den berühmten Niagara-Fällen und ins nahe gelegene New York in den USA nicht fehlen. Sie erfahren in diesem Buch, was Sie bei einem Kanada-Besuch auf keinen Fall versäumen dürfen, aber auch, worauf Sie getrost verzichten sollten. Dazu liefern die Autoren jede Menge praktische Tipps, die auch gleich mit aktiven Links ins Internet versehen und somit direkt aus dem E-Book heraus aufrufbar sind. So können Sie Ihre Reise mit stets aktuellen Informationen z. B. zu Öffnungszeiten und Eintrittspreisen perfekt vorbereiten. ISBN: 978-3-656-36292-0

Südostasien – Der Weltreise dritter Teil

von Fabian Pitzer

Jetzt kaufen auf grin.com.

Der Foto-Blogger Fabian Pitzer und seine Kamera waren auf Weltreise. Sein drittes großes Ziel war Südostasien. In diesem Buch schildert er seine ganz persönlichen Eindrücke aus Thailand, Laos, China, Taiwan, Vietnam, Kambodscha und Myanmar und zeigt mit seinen kraftvollen Bildern bekannte und unbekannte Orte dieser Länder. Dabei stehen weniger die üblichen Sehenswürdigkeiten im Vordergrund, sondern vielmehr unberührte Stätten jenseits der klassischen Touristenpfade. Mit ausdrucksstarken Porträts zeigt Fabian Pitzer ganz authentisch die Menschen, ihre Kultur und ihre Art zu leben – und bezieht an der ein oder anderen Stelle sehr deutlich Position, wie es ihm als Mitteleuropäer in Südostasien erging. Pitzers weitere Reiseziele waren Arabien und Indien, die er in eigenen Bänden bei GRIN & Travel beschrieben hat.

ISBN: 978-3-656-31579-7